DA EDUCAÇÃO QUE AMA AO AMOR QUE EDUCA

CESAR NUNES

DA EDUCAÇÃO QUE AMA AO AMOR QUE EDUCA

Sensibilizar os conhecimentos e esclarecer os afetos para construir um mundo melhor

Principis

Esta é uma publicação Principis, selo exclusivo da Ciranda Cultural
© 2023 Ciranda Cultural Editora e Distribuidora Ltda.

Texto
© 2023 Cesar Nunes

Produção editorial
Ciranda Cultural

Editora
Michele de Souza Barbosa

Diagramação
Linea Editora

Revisão
Fernanda R. Braga Simon

Design de capa
Ana Dobón

Imagens
Lekovic Maja/shutterstock.com

Dados Internacionais de Catalogação na Publicação (CIP) de acordo com ISBD

N972e	Fernanda, Andréia
	Da educação que ama ao amor que educa: sensibilizar os conhecimentos e esclarecer os afetos para construir um mundo melhor / César Nunes. - Jandira, SP : Principis, 2023.
	32 p. ; 15,50cm x 22,60.
	ISBN: 978-65-5552-890-9
	1. Educação. 2. Conhecimento. 3. Aprendizado. 4. Diálogo. 5. Professores. 6. Educação. I. Título.
2023-1207	CDD 370 CDU 370

Elaborado por Lucio Feitosa - CRB-8/8803

Índice para catálogo sistemático:
1. Educação 370
2. Educação 370

1ª edição em 2023
www.cirandacultural.com.br
Todos os direitos reservados.
Nenhuma parte desta publicação pode ser reproduzida, arquivada em sistema de busca ou transmitida por qualquer meio, seja ele eletrônico, fotocópia, gravação ou outros, sem prévia autorização do detentor dos direitos, e não pode circular encadernada ou encapada de maneira distinta daquela em que foi publicada, ou sem que as mesmas condições sejam impostas aos compradores subsequentes.

Dedicatória

Dedico este livro ao meu neto Otávio e à minha neta Clara Maria, pela pulsão de vida que desencadearam em minha alma e na alma corajosa e valente de minha companheira de quarenta anos, Cleide Nunes.

A ela igualmente dedico esse ramalhete de crônicas. Se somos imortais nos filhos, somos divinizados quando chegam os netos e as netas. Este livro é uma das mensagens que quero lhes deixar para a plenitude de suas existências. A vida é nossa maior riqueza, a única...

SUMÁRIO

Prazer em conhecer... 9

Sonhos e sonhares sem tamanho 14

A arte de aprender brincando e de brincar aprendendo 18

Cultivar as flores e os jardins para andar por eles..................... 21

Comer juntos, digerir as tristezas e nutrir os projetos comuns....26

A prática de aprender, devagar e sempre........................... 29

Et spes nostra salve – salvar as nossas esperanças...................... 34

Toda Criança Aprende – aprender é existir 36

Conversas sinceras entre famílias e escolas...................... 41

A educação afetiva e a ética da convivência amorosa................. 46

Educar para as virtudes, pelo exemplo que arrasta..................... 49

A educação como primeiro direito humano................................. 54

A dimensão pública coletiva e a necessidade da elevação
estética da privacidade de cada pessoa 57

A cultura é que nos faz humanos, a cultura nos humaniza 61

O primeiro passo, na direção certa, já é a metade do
caminho!... 64

Decifra-me ou te devoro.. 66

Começar sempre... 71

Minhas almas tantas.. 74

Recuperar o sentido de 8 de março: a dignidade da mulher 77

Hoje é domingo, dia de esticar os horizontes da alma 79

Uma crônica para Rubem Alves, esticador de horizontes! 82

Para onde caminhamos?... 91

Assinatura... 95

Prazer em conhecer...

Sou um professor! Com ponto de exclamação. Não foi a primeira profissão que imaginei para mim. Não fui eu quem escolheu ser professor, eu fui "escolhido" pelas condições objetivas e históricas de minha vida. Hoje digo com serenidade: foi a vida que me escolheu para ser professor. Agradeço todos os dias à vida, por essa escolha. Tive dúvida, confesso sem pudor, em alguns momentos, mas hoje posso dizer que nada me faz tão soberanamente feliz do que a possibilidade de dizer, quando me perguntam: o que o senhor faz? Digo com orgulho: "sou professor"!

Escrevo este livro na esperança de que os tantos professores e professoras desse nosso imenso país, como eu, venham a ler e a dialogar comigo, depois de muitos anos sem escrever, por assim dizer, um trabalho completo. Tivemos todos tantos períodos de turbulência, mas há dias nos quais a alma descansa. Ficamos entretidos com o leve fluir dos momentos. Hoje é um desses dias.

Tempo de fazer coisas simples. Cuidar da gente. Cortar as unhas. Conversar com as orquídeas. Acender um incenso. Ouvir música gregoriana bem baixinho. Pensar trivialidades. Questões filosóficas, tais como: "Por que 'hoje' tem 'h' e 'ontem' não tem? Onde o vento se esconde, depois que ele sopra fortemente a terra, os mares e as árvores? Onde fica a casa do vento?"

Dias de pentear os gatos e os cães, achar os nozinhos de seus pelos e desfazê-los com calma e carinho. Tirar ervas daninhas da hortinha de cebolinha e de salsinha. São feitos plenos de paz. Gosto também de engraxar meus sapatos. Mando os sapatos com necessidades de reparos para o Beirinha, assim os sapatos mais gastos, para trocar a sola, quando é o caso. Gosto de buscar palavras antigas; dias desses escutei "eu vi um homem *parrudo*". Escutei doutra feita: ele *pinchou* longe o caroço do abacate! Pinchar, fazia tempo que não ouvia. Dias bons para comer paçoquinhas, bom demais. E dias propícios para escrever estas *mal traçadas* (quando criança eu escrevia com dois "esses") *linhas*. Penso até em buscar em velhos baús, em caixas guardadas sei lá onde, as saudosas fotos antigas. Bolinho de chuva? Aí já é querer demais!

Mas preciso me apresentar, é recomendado que a gente se apresente. Nasci no norte do Paraná, numa cidadezinha pequena e valente chamada Congonhinhas, diminutivo de Congonhas. Há muitas histórias sobre a inspiração para esse nome, eu acato todas, mas não entrarei no resgate etimológico e histórico, hoje ela é somente a "minha cidade natal". Esta minha cidade natal sempre permaneceu como primeira consciência, espaço original de minhas identidades. Nasci em 1959, um ano ainda enigmático, pela contradição da conjuntura pendular entre a crise da república populista brasileira, o golpe tardio que crescia no útero das conspirações conservadoras, e a Revolução Cubana, que abria mais uma página da história política mundial. Um ano encruzilhada! Isso sempre me marcou, sinto-me sempre no meio de tudo, confuso, atônito, em constantes encruzilhadas.

Tenho caminhado muito, na minha história recente, sempre em defesa da educação, por muitos e tantos lugares deste meu grandioso e diverso país, o Brasil. Mas, a despeito da qualidade das relações humanas e institucionais que tenho alinhavado e colhido, faltava registrar, escrever sobre as ressonâncias desses encontros e sonhos comuns, partilhados amiúde, para que pudéssemos manter as boas relações vividas, planejar outras, recordar umas tantas. Esta é a inspiração deste pequeno livro: ser um ponto de encontro! Um ponto de encontro de ideias e de atitudes em prol da *educação que ama e do amor que educa*, tal como tenho divulgado por todo nosso território. Buscarei aqui registrar algumas das tantas memórias dos encontros, as aspirações nascidas das trocas simbólicas, os sentimentos e afeições que brotarem deste processo de reconhecimento de todos nós na prática educativa e escolar.

Estamos vivendo em um mundo em que tudo é cada vez mais veloz, mais árido. Eu, de minha parte, quero caminhar devagar. Aprendi algumas coisas sobre filosofia e educação, sobre poesia, teologia e literatura, entre outras tantas, que me ajudaram a formular sínteses parciais em momentos diversos de minha vida. Hoje me encontro num lugar bom: do alto de mais de seis décadas de vida, sem muita ansiedade, com alguma serenidade, quero contemplar o caminho percorrido e olhar, com as mãos sobre os olhos, o que ainda precisa ser caminhado, o percurso a realizar com meus pares, meus alunos, meus contemporâneos. Já dei sessenta e quatro voltas completas ao redor do sol.

Fui professor do Ensino Fundamental e Médio. Lecionei na escola básica, pública e particular, por mais de duas décadas. Fui professor de universidades particulares e hoje sou professor titular de filosofia e educação da Faculdade de Educação da Unicamp. Fui coordenador pedagógico de escolas básicas de ensino fundamental, chefe de departamento, representante sindical e político. Hoje continuo a lecionar na graduação e na pós-graduação, trabalho com história e filosofia da educação, coordeno o grupo de pesquisas Paideia e oriento pesquisas, monografias, dissertações, teses e estudos pós-doutorais na área da filosofia e educação.

Gosto de ler. Vivo cercado de autores e de escritos que inspiram minha vida e sustentam meus sonhos, embasam minhas intervenções e alimentam esperanças. Gosto de poesia, de música boa e de filmes não lineares. Gosto da vida, reconheço a vida como a maior riqueza (um presente, uma graça) de cada pessoa e tenho a educação como o maior penhor da humanidade, dos grupos humanos. Escolhi associar a palavra e o conceito de educação com o sentido e a significação de humanização. Faço disso um projeto de vida!

Escrevi alguns livros, redigi outros tantos artigos, ministrei palestras, realizei conferências e debates em mesas-redondas e inúmeros eventos de inspiração educacional no Brasil e fora dele. Sou licenciado em filosofia, história e pedagogia. Fiz mestrado, doutorado, pós-doutorado e concluí algumas pesquisas no campo da filosofia e educação, sobre temas como ética e educação, sexualidade e educação, filosofia e formação de professores etc. Tenho alegria pelo percurso que fiz, com a ajuda de tantas pessoas, às quais sou agradecido imensa e sinceramente.

Gosto de viver e de conviver! Gosto de luas cheias e de jardins. Admiro a cultura da Grécia e as palavras de origem indígena. Quero aprender a tocar sanfona e a decifrar os vocábulos tupis e guaranis, quando me aposentar! Se um dia eu achar razões para me aposentar.

Mas, se me perguntarem de novo "o que você faz?". Responderei prontamente: "Sou professor!".

Sonhos e sonhares sem tamanho

Tenho ainda muitos sonhos, aos sessenta e quatro anos de idade! Não que a idade seja um fator de sufocamento dos sonhares. Não! Quero dizer da insuficiência do tempo, para dar conta da vertiginosa força da vida, que brota esplendidamente nos sonhos, no contraditório movimento orgânico da vida.

Viver é sonhar sempre! Acordar e viver o dia, dormir e viver a noite, à espera do outro dia. E há sonhos de todos os tamanhos. O poeta Fernando Pessoa escreveu que "o homem é do tamanho dos seus sonhos". É a mais pura verdade; e este apelo faz a gente ter vontade de ter sonhos grandes, sublimes, altruístas. Mas há também sonhos pequenos e simples. Todos são leves e bons. Gosto do Salmo 130, que diz: "(…) *Senhor, meu coração não é orgulhoso, nem arrogante é o meu olhar; não ando à procura de grandezas, nem de coisas maravilhosas demais para mim".*

Tenho sonhos grandes, é certo! Mas tenho também sonhos miúdos, cotidianos, leves e portáteis. Ando com eles. Tenho sonhos acumulados, tenho até sonhos de sonhos, que me acompanham desde menino. Às vezes dormitam na minha alma, mas basta sentir um cheiro de certas flores, (de algumas flores tão cheirosas como a "dama-da-noite"), das rosas, das orquídeas, e esses cheiros invadem minha alma toda e me despertam os sonhos dormentes. Uma comida, um tempero, um perfume. Hum! Acordam desejos, já que os sonhos são os nomes sérios e comedidos dos desejos. E estes desejos acordados brincam na minha alma, acendem os olhos, chacoalham meu corpo, correm pelas minhas veias...

Algumas experiências oníricas (noites de sonhos) são demais. Muitas vezes parece que eu levei uma surra. O corpo fica dolorido, pela consistência impositiva da convenção, sobre a erupção desregrada de todos os meus sonhos. Na verdade, não me incomodo com o tamanho os sonhos. Gosto mesmo é de sonhar todos os sonhos. E, com uma profusão dos sonhos, enfileirando as noites, vou vivendo esses dias todos. Vou dando conta! Expressão que aprendi na roça, na infância, e acho ainda hoje tão linda, de uma verdade forte e terna! Potencialidade onírica. Dar conta! Nem precisa de mais ou de maiores explicações. A expressão define tudo! Eu acho que estou dando conta da vida!

Há dias que sinto isso com maior intensidade, com mais força, por assim dizer, com maior evidência. E há dias que sinto lacunas, falhas, nesse axioma. Outros, há que me engano! E sigo adiante!

Acho que os pequenos sonhos fornecem a força para as grandes empreitadas. São o alimento do dia a dia, fazem a combustão dos momentos opacos, para não perder o horizonte que teima em inspirar. Meu maior medo é perder o pique, arrefecer, parar de acreditar. Não creio que as pessoas venham a parar de sonhar por decisões intencionais, esclarecidas e voluntárias. Acredito que chegam a este estado por deixar de alimentar a alma com os sonhos pequeninos. É como um fogo se apagando.

Quando menino, eu gostava de olhar as fogueiras, o fogão à lenha quente e brilhante, e depois o lento apagamento. Os estertores do fogo me impressionavam. Os espasmos das chamas entre cinzas, brasas e carvões; tenho receio de que a vida seja igualmente assim. Vamos apagando por dentro, perdendo a força, capitulando. Quero sempre sentir queimar em mim o fogo da insatisfação, da inconsistência, da incompletude. E o sonho do horizonte, do mais que possível, do devir, do teimar!

Sonhar é isso, é ter sempre acesa a alma, que explode pelos olhos, pelas mãos, pela boca! Corpos e almas, sonhos e fogos, desejos, necessidades, horizontes! Gosto de pensar que posso estar certo! Não por uma validação narcisista; só para ter um consolo, um ponto de apoio. Ah! Como a vida é bela e boa, mas como é exigente.

A vida sobra! Todo dia ela sobra em mim! Todo dia é maior do que pensei, é maior do que vivi, é maior do que senti! Há momentos em que eu ouso dizer que compreendi a vida. Mas logo à frente deparo-me com a patente negação deste meu desvairado juízo. A vida nega, a vida afirma, a vida sobra, outra vez!

Noutros momentos, me faço silêncio, e só olho para a dinâmica vivacidade da vida! Espero. E a vida, graciosa, me desmente outra vez. Porque a vida é sempre assim mesmo, livre, indescritível, irreverente, fora da ordem, extraordinária, provocante. Por isso é tão bela! Por ser a vida!

E, na percepção destes hiatos, dos desvios padrões, dos ajustes e das sínteses, vamos engendrando nosso ser, vamos significando nosso existir. A vida é tudo o que temos. Nada mais. Igualmente a vida é só o que temos! Clarisse Lispector proclama "viver ultrapassa qualquer entendimento". Cabe ao vivente viver! Por tudo isso, eu como e bebo à minha vida, a todo sol e lua (cheia!) reverencio meu viver, saúdo a vida como o maior tesouro e presente que possuo. E dessa consciência de mim eu amo as pessoas, amo o mundo, amo a vida que pulsa incessantemente!

A arte de aprender brincando e de brincar aprendendo

Tenho visto, cada vez mais, a defesa da educação infantil como o tempo e o espaço dos brinquedos e das brincadeiras – a escola de brincar! Há tórridos debates, militâncias inflamadas, argumentos convincentes e ilações originais, entremeados a lugares-comuns e a jargões surrados ou modorrentos, contra e a favor. Estou do lado dos que compreendem a educação da infância como o tempo da criança, a ontologia humanizadora do brincar!

Escuto, analiso e pondero: por que tanta dificuldade cultural em aceitar a beleza e a potencialidade pedagógica do brincar? Que arquétipos culturais fundamentais nos fazem assim tão resistentes, tão insensíveis ou avessos aos princípios de dedicação do brincar da criança, da infância ou da escola? É preciso enfrentar essa questão, mirar os olhos neste espelho ancestral que nos condiciona ou até mesmo nos determina.

Trata-se de uma necessidade catártica, coletiva, a tarefa de desconstruir a aversão moderna, suas atávicas inspirações, sobre a prática social do brincar, para poder ressignificar esta ação humana, exemplar e dialógica. Pois brincar é sentir-se vivo, é fluir a vida em todos os seus poderes. Com os brinquedos descobrimos o corpo do mundo e tomamos consciência sensível do mundo do corpo.

A criança, como todos nós, "é plenamente corpo". Há tantos entraves culturais sobre nós, na direção de negar o corpo, julgá-lo, desconstruí-lo, não reconhecer sua anterioridade basilar. O corpo que nos determina. Somos um corpo que aprendeu a pensar, a sentir. Foi o corpo que primeiramente brincou. A cultura é a brincadeira da história do corpo. As brincadeiras dos corpos de todos, através do tempo, fizeram a cultura, a sociedade, a civilização. No princípio, era o corpo!

As crianças são corpos que brincam. Brincar, para as crianças, é viver plenamente a vida que lhes pareceu simples, cheia de viço, de surpresas e de apelos para vivê-la de maneira total. Tudo o que é bom e belo parece condensar uma identidade jocosa, leve, como são as brincadeiras.

Frequentemente dizemos "Foi tão bom o que aconteceu, consegui fazer isso tão tranquilamente, nem senti, nem percebi o tempo passar, parecia uma brincadeira"! Esta é a memória e o espelho que guardamos do tempo e da beleza das brincadeiras. Depois ficamos sérios demais, sisudos, austeros, previsíveis, planejadores demais, prescritivos ao extremo. Deixamos de lado a leveza, a gratuidade, a fruição, o gozo da vida, na memória da nossa história de perdas do brincar e do gosto das brincadeiras.

Nossas histórias culturais têm sido a história da repressão do corpo e da negação de suas vivências gratuitas ou de suas potencialidades lúdicas, têm sido a expressa mortificação do corpo. A vida, o corpo e a graça ou leveza da existência se integram numa trindade arquetípica fundante.

A educação que se fundamenta no brincar começa quando compreendemos ou ressignificamos as dimensões da infância. Significa lutar para superar o implícito código axiológico sustentado na primazia ou na proeminência da adultização. Se manifestarmos a centralidade da adultização na tipologia de valores, o brincar (e a educação infantil sobre os brinquedos e brincadeiras) será somente uma efeméride, e não o que é, ou o que deve ser, a humanização plena!

Cultivar as flores e os jardins para andar por eles

Vivi um tempo relativamente curto, em função das décadas já acumuladas, no sítio, ou na roça, como se dizia, no ambiente rural ou do campo. Uma década, no máximo. Mas valeu toda uma vida. Era um sítio pequenino, num lugar aberto, num descanso de um espigão, que era o nome estranho que eu ouvia da boca dos adultos, ao referirem-se àquela encosta do morro da Água Branca, que eu gostava de ouvir quando criança, mas estranhava de um tanto – como é que a água é branca?

Porque branca era a égua Belinha no pasto, branco era o canarinho-do-reino quando era novo (depois ficava todinho amarelo), brancas eram as duas toalhas da minha mãe, usadas para cobrir o oratório quando vinha o padre rezar em nosso rancho. Aliás, as toalhas comuns de nossa mesa não eram brancas, eram coloridas, exageradas, quadriculadas, "sortidas", como diria a minha mãe, menos brancas.

Também nunca entendi por que eram tão curtas nossas toalhas, acabavam rente ao corte da mesa, justinhas! Talvez porque a vida toda era assim naquele momento. Dava tudo em cima, para o gasto, para viver e pronto! Nada era demais. Nada era abundante. Tudo no limite.

Mas havia uma coisa, um fator, um espetáculo, um acontecimento, que burlava ou quebrava esta regra geral de tudo ser medido pela suficiência da necessidade. Eram as flores!

Como eram espetaculares as flores da minha infância! E como minha mãe ensinou-me a admirá-las e a distingui-las, condições prévias para amá-las. Eram soberanas, independentemente dos tamanhos – outra lição de minha mãe – que dizia: "olha essa aqui, pequenina, olha que perfeição, que beleza, repare, repare bem" com os olhos firmes nos meus, exigindo que eu mexesse minha cabeça com o sinal de consentimento afirmativo – é claro!

Nem tudo eu via, mas afirmava que via – naquela ocasião. Algumas dessas belezas só vejo com os olhos das recordações e das saudades. Minha mãe, educadora e jardineira – jardineira sem jardim – me ensinou a amar as flores pela beleza e pela gratuidade ontológica de todas elas. Isto ficou no meu ser. Para que servem as flores, mãe? Perguntava o expectador, encantado pela mãe – "(...) pra nada, só para enfeitar o mundo – e já tá muito bom!" – dizia, sorrindo, finalizava ela, com um veredicto. Nunca contestei essa tese.

DA EDUCAÇÃO QUE AMA AO AMOR QUE EDUCA

Mal sabia que estava aprendendo uma lição primordial – as coisas não são mensuráveis somente pela sua utilidade ou pela "serventia", mas sim pela simples razão de ser, de existir. As flores proporcionaram-me essa aprendizagem essencial. Ah! Mas não finda por aqui esta lição, aprendi outras tantas coisas com minha mãe jardineira – jardineira sem jardim – naqueles dias felizes.

Primeiro, que a gente pode imaginar um jardim, sem necessariamente ter um ou visualizá-lo objetivamente. Na minha casinha pequena tudo virava jardim, numa outra ordem ou dimensão espacial. Uma caneca esmaltada furada era um vasinho de janela, uma panela "condenada" era um enfeite e virava um vaso perfeito na alça da janela. Tudo tomava lugar.

Sempre me preocupei com o conceito de "condenada", quando minha mãe sentenciava um utensílio doméstico como uma "panela condenada". Tratava-se de uma determinação muito sutil. As panelas eram poucas e muito usadas, em nossa casa. Geralmente eram herdadas de gerações de cozinhas e de cozinheiras. Eram de ferro, duráveis, outras de latão, opacas ou esmaltadas, e outras raras eram de alumínio. Quando furavam, mandava-se ao Zé do Rebite, o mais famoso consertador de panelas do "patrimônio", que era a expressão do meu pai sobre nossa pequena cidade ou vilarejo.

Depois de dois consertos, se furasse novamente, a panela era considerada "condenada"; minha mãe transformava as panelas "condenadas" em vasos magistrais, quase magníficos. Havia até certo hábito, numa dimensão comunitária, de "trazer" para minha mãe, de doar, algumas panelas, recebidas da vizinhança. Minha mãe agradecia e guardava. Não sem antes olhar bem (se não seria o "caso" de consertar!).

Panelas velhas são bons vasos. As flores-de-maio, os comigo-ninguém-pode, as espadas-de-são-jorge, os copos-de-leite, as flores-de-são-joão, as azaleias, as marias-sem-vergonha, as melindrosas, os cravos, os crisântemos, as flores-de-natal e as orquídeas! Ah, as orquídeas!

Minha mãe colhia orquídeas no mato, pegava "mudinhas" aqui e acolá e a todas ia pendurando, paciente e dedicadamente. Noutra ordem, no paiol, nas pedras, nas árvores, no entorno da casa, em todo lugar que pudesse acolher uma flor. O mundo todo era o jardim. E o mundo todo – no caso – era a minha casa!

As flores-de-maio eram marcantes, mas tinham um nome equivocado – floresciam sempre em julho, algumas vezes em junho, nunca em maio. Aliás, o verbo que minha mãe usava era "dar"! Dizia: "esta flor deu em setembro, este ano não deu, ou deu"; para algumas dizia "abrir", "soltar", coisas que somente hoje percebo. Não dizia "florir, florescer", arriscava um "brotar" para as mudas transplantadas. Acho que minha mãe estava certa – as flores "se dão". Seu existir é dádiva, é graça, é gratuidade.

E havia o cheiro, o perfume, o odor! A dama-da-noite até hoje me inebria. Fico encantado pelo perfume destas damas-da-noite. Que prospecção catártica tão extraordinária seria possível estabelecer somente da hermenêutica dessa alcunha, desse nome desvairante. Mas isso já é outra história.

Havia uma orquídea branca predileta da minha mãe. Ela a chamava de "Dalva". Nunca soube, nunca perguntei, a razão deste nome. Penso que deveria ter perguntado. Conjecturo, hoje, apartado da fonte, seria por ser "branca", "alva", seria por ser Dalva de Oliveira, um sucesso no "rádio de pilha"? São perguntas abertas, irresponsáveis.

Mas como eram lindas as flores de minha infância. Como eram cheirosas, charmosas e marcantes. Havia uma orquídea que dava uma flor no formato de um "sapatinho". Minha mãe insistia em usar a flexão de gênero – dizia "sapatinha". E como era bela! Eu me emociono ao lembrar este antejardim de minha infância. Nele aprendi a amar as flores. E esta admiração calou fundo na minha feitura de pessoa.

Deu nisso, hoje sou um homem que gosta de flores. E de jardins. De todos os jardins, de todas as formas de flores. Eu sonho com tempos nos quais todas as escolas tenham – e sejam – jardins originais. Jardins de beleza, de dádivas, de gratuidade, de cultivo, de enfeites, de cheiros e de perfumes, de cores e de coloridas pétalas, de rosas, sim, as muitas rosas e seus espinhos que embelezam nossas vidas. Sobre rosas muitos já escreveram, alguns destacam mais os espinhos, eu gosto mesmo é das rosas!

Uma criança só aprenderá a gostar de flores se os seus adultos referenciais ensinarem a amar, admirar as flores! Aprender com as flores a sabedoria da vida, a inigualável beleza de existir, mesmo que seja por um dia!

Comer juntos, digerir as tristezas e nutrir os projetos comuns

Há coisa melhor nesta vida, neste mundo, do que estar com as pessoas que se ama, a uma mesa? Tem, não! Comer, que é uma das melhores coisas da vida, e conviver – comer juntos, em família, com amigos e amigas, em comunidade, é a melhor coisa do mundo! Não pode haver coisa melhor!

Eu sempre gostei da mesa. Não somente pela comida, mas sim pela liturgia singular de poder comer junto, com pessoas que me eram a referência humana, num espaço de fruição e de deleite comum e coletivo, familiar e comunitário. Há tantas dimensões no gesto de sentar-se à mesa, de partilhar um espaço e um acontecimento comum, que é a reunião antropológica (e antropofágica, de certa maneira) de alimentar-se em sociedade.

Da educação que ama ao amor que educa

Eu sempre olho as mesas, nas casas, nos apartamentos, nas residências nas quais tenho a alegria de ser convidado a estar. Aliás, não concordo muito com a expressão usual "sala de estar", para os objetivos espaços ou "lugares de comer". Seria melhor dizer de tais espaços domésticos como "salas de comer". Também considero parcial por demais a denominação comum dos "restaurantes"; esse nome identitário fica, ou soa, em mim, como um conceito técnico, prático por demais. Comer é mais do que restaurar quaisquer coisas ou forças.

A dimensão etimológica da palavra "comer" já revela esta transcendência técnica. Deriva de *cum aedere*, e pode significar "alimentar-se, nutrir-se em conjunto, comer juntos". Não é igualmente descabido lembrar a etimologia da palavra "companheiro". Deriva-se do latim *cum panis*, representando o sentido de "aquele que come o pão comigo", ou ainda "aquele ou aquela que partilha o pão comigo". Eu me comprazo nesses sentidos saborosos das palavras. Acredito que comer é mesmo uma radical prática antropológica. A ação de comer juntos é que inaugura a cultura humana. Rubem Alves, um mestre exemplar, nos fez beber todos os sentidos e nos convidou a sentir todos os sabores, entre SABER e SABOR, entre COMER e CONHECER. Suas lições continuam "quentes", alimentando gerações.

É curiosa e sábia a cultura popular quando proclama "você só conhece mesmo uma pessoa quando come com ele(a) um saco de sal". De sessenta quilos! A contextualização deste adágio me autoriza a conjeturar neste peso estimativo. Pois, para comer juntos um saco de sal de sessenta quilos, teremos de engolir dias, semanas e meses, acontecimentos e descobertas que nos humanizam e que nos colocam na dinâmica da história. Comer, Saber e Conhecer! Pode até Rezar.

É curioso perceber que nas práticas de comer os laços humanos se articulam. E se diz: "eu já almocei com ele, eu já saí para jantar com ela", ou ainda "vamos tomar um café e resolver isso". Sempre gira o mundo ao redor da mesa. Neste dinâmico banquete se digere o sofrimento e se nutre a esperança, a utopia. A mesa se torna antropofágica, como cerne da experiência humana coletiva. Temos de atentar para esta liturgia humanizadora. A fidelidade à mesa é tão importante para as pessoas quanto a fidelidade à cama para o casal.

Defendo as festas familiares e clânicas, defendo os aniversários, as bodas, o comer coletivo dos bolos, dos docinhos, dos bem-casados, dos beijinhos, dos brigadeiros e almirantes. Ah, esses últimos, não. Na histórica transformação organizacional das unidades parentais básicas, não podemos perder uma dimensão essencial para a vida e a cultura humana: comer juntos! Fazer da vida doméstica, laboral, social ou comunitária um espaço de convivência e não somente de coabitação.

A convivência supõe a cultura da socialização amorosa dos alimentos, a construção original de uma estética da nutrição conjunta, de uma ética do cuidado com todas as coisas e pessoas! Comer juntos é conviver, celebrar juntos, sobre a base de uma necessidade real, a misteriosa alegria e a generosa gratuidade da existência de cada um(a) e de todos nós! Comer juntos encerra uma sacralidade antropológica. Alimentamos juntos o mundo, a diversidade da vida no mundo!

A prática de aprender, devagar e sempre

Tenho pensado muito nas novas tecnologias digitais. Sinto a força avassaladora de sua presença em nossa vida e pressinto que estamos somente no começo dessa mudança de era. Vejo-as como uma excelente conquista da nossa sociedade e uma fundamental mediação para nosso jeito de viver e de conviver. Não teríamos mais condições de manter a astronômica gama de produção e de circulação de informações e de transmissão de dados que hoje empreendemos com os nossos recursos operacionais analógicos clássicos: correios, telegramas, telefonemas etc. Tudo mudou de maneira vertiginosa demais! Não tenho fobia desse mundo digital. Tenho somente cuidados.

No entanto, acredito que precisamos pensar em algumas possíveis alienações, capazes de acontecer quando não analisamos mais criteriosamente a exposição de todos ao apelo do mundo virtual. O mundo digital é um meio para a convivência entre as pessoas, não pode ser um fim em si mesmo. A vida real que nos é dada, graciosa e originalmente, a natureza, os espaços sociais e culturais, os demais símbolos culturais, a arte, os livros, a filosofia, entre tantos outros tópicos e itens, não podem ser desmerecidos em nome da voracidade e da potencialidade digital. Se a mediação digital chegou a esse ponto é porque foi alimentada por etapas anteriores de produção de símbolos, de achados e de feitos científicos e culturais. Há coisas que precisam ser pensadas e, convincentemente, ressignificadas e assimiladas para o nosso momento histórico e cultural atual.

Quero destacar a dimensão da aprendizagem. A melhor definição que guardo comigo sobre a condição humana é a de que o ser humano é um "ser que aprende". Creio não ser exagerado afirmar que nossa própria condição humana é "aprendida", isto é, social e historicamente produzida. Não nascemos prontos, finalizados, acabados. Somos constituídos pela longa e singular aprendizagem das coisas, assimiladas das gerações anteriores a nós, vivenciadas no espaço familiar, no espaço escolar, na sociedade, no "mundo da vida" de que nos falava o filósofo Habermas, mundo este carregado de símbolos e de valores essenciais para nosso processo de humanização. O ser humano constitui-se como humano no convívio com seus pares. O mundo da vida seria a base de nossas constituições de relações e de sentidos.

Para tanto, as gerações humanas foram criando ou inventando coisas para repassar, para registrar ou para guardar as formas

DA EDUCAÇÃO QUE AMA AO AMOR QUE EDUCA

de viver, as descobertas e as criações que empreenderam em sua longa passagem pelos séculos, em todos os lugares do planeta. Adaptamo-nos a todos os climas, superamos todas as contingências climáticas e geográficas pela nossa inigualável e diversa capacidade de aprender. E de transmitir a aprendizagem para as gerações que seguem a trilha de nossa civilização e de nossa continuidade como espécie. A educação e a humanização são processos antropológicos transgeracionais.

Nesse procedimento, coletivo e subjetivo, destaca-se a capacidade de aprender! Mas sempre me pergunto: como temos aprendido? O que caracteriza a capacidade ou a suposta qualidade de aprender? São questionamentos que continuam a nos inspirar, e que igualmente nos exigem respostas adequadas e coerentes. Aprender é reter para si, é entender o processo, é decifrar as dimensões de causalidade, é compreender as características, assimilar as dimensões, os processos e as disposições de algo, de uma ideia, de uma realidade, de um dado da natureza ou de uma atividade humana. Aprender é dar sentido, na mente e na singularidade de cada vivência, dos dados, dos procedimentos, do dinamismo e da realidade das coisas e dos dispositivos que continuamente nos demandam no dia a dia. Aprendemos o tempo todo e todo o tempo. Nesse sentido, aprender toma a dimensão de existir. Em todos os momentos de nossa vida e de nossa vivência estamos aprendendo. Precisamos dessa aprendizagem para dar conta de nossas necessidades básicas, desde a alimentação diária até o descanso cotidiano para repor as energias gastas e voltar, a cada dia e noite, a atuar e a agir no mundo. Aprender e viver são duas dimensões similares da existência humana.

No entanto, a aprendizagem não se dá sozinha. Não aprendemos somente por nós mesmos. A aprendizagem dá-se numa relação social, aprendemos a partir da relação que empreendemos com outras pessoas e, junto com estas, com o mundo. Tenho a alegria de manter viva na memória um ensinamento do mestre Paulo Freire: "Ninguém se educa sozinho. Os homens aprendem entre si, mediatizados pelo mundo!". Essa dimensão de aprendizado é definida pela expressão: sociointeracionista. Trata-se da definição que afirma ser a aprendizagem o resultado da interação, sempre de natureza social, entre as pessoas, as gerações, os tempos e os espaços! Dessa maneira, precisamos superar de vez as concepções de aprendizagem que se edificam sobre categorias fragmentárias. Há uma concepção que afirma ser a aprendizagem o resultado uni-lateral da ação dos professores, no caso da escola ou da educação escolar. Essa é a concepção denominada tradicional ou, em minha concepção, autoritária ou magistrocêntrica (centrada no profes-sor). Há outra concepção de educação que afirma o lado extremo e contrário a esta: as crianças, os jovens, as pessoas aprendem por si, são elas mesmas a causa de sua aprendizagem. Também tenho minhas críticas a essa compreensão, definida hoje como escolano-vista, palavra derivada do movimento pedagógico dos anos 1930 no Brasil autodefinido como Escola Nova, que historicamente buscou questionar a educação tradicional pela inversão de suas causas, de seus dinamismos institucionais e de suas teses.

Todas estas questões demandariam mais tempo e um pouco mais de paciência para escrutinar melhor. No entanto, para além desse reconhecimento, precisamos encontrar um ponto para situar nossa prática educacional: a educação e a escola são espaços e instituições privilegiadas de aprendizagem e de humanização. Não há como aderir ao mundo das informações digitais e descurar da educação e da escola. Trata-se, isto sim, de integrar os recursos digitais ao processo de educação, ao dinamismo do ensino-aprendizagem, à finalidade da cultura e da humanização de todas as pessoas, de todas as gerações! Um excelente percurso a todos e todas! Vamos aprender juntos tudo o que a vida vier a nos proporcionar!

Et spes nostra salve – salvar as nossas esperanças

Em todo início de ano letivo temos a consciência de que precisamos descansar da longa jornada que vivemos no ano que passou e procurar reunir as melhores condições, pessoais e coletivas, para fazer novos planos, para sonharmos juntos, para iniciarmos com clareza e com determinação o ano letivo que se inicia. Temos muitas coisas a realizar em cada ano que se abre, aliás, sempre temos muitas coisas a fazer. São coisas sempre inadiáveis. Pois a vida mesma tem pressa. E continua a fluir constante e abundantemente. O tempo não para – cantava o filósofo Cazuza. É certo que teremos muitos desafios e muitas coisas difíceis a enfrentar. Sempre teremos. Desafios que exigirão discernimento e coragem. Para tomar decisões, algumas delas de foro pessoal, outras dependerão de todos, serão decisões que teremos que tomar coletivamente. Isso não pode nos perturbar ou mesmo incomodar, creio que as premissas são de natureza ética: salvaguardar a dignidade humana e acreditar sempre no amor e na cultura da paz. Há decisões que exigem clara compreensão dos desdobramentos, das responsabilidades que trazem. A cada ano teremos que aprofundar essa compreensão.

Temos que aprender a esperar. Nem que leve a vida toda. Para que a vida não seja levada. Em cada sonho que temos esconde-se igualmente um medo, um limite, uma incompletude. Em cada horizonte que miramos traçamos a esperança concreta de superar tais limites. O que não podemos fazer é desacorçoar, arrefecer. Buscar manter-se na trilha, caminhar sempre, ainda que a passos curtos, mas sempre seguir a marcha, seguir em frente. Esta terra é cheia de sinais. Em cada pequena vitória se acrescenta vigor na caminhada. Aprende-se com os erros, as derrotas, as contradições. O que não se pode é desanimar. Na luta para promover a cultura do amor, abrimos possibilidades de gerar a felicidade. A placidez da vida não está na ausência de sentimentos de incertezas ou de medos. Está na deserção, na falta de coragem, na entrega sem luta. Tudo o que a gente faz deve ser para gerar o bem das pessoas. Lutar para que a vida não seja encolhida, minguada, envergonhada. A maior riqueza da vida, que se traduz numa alegria indescritível, consiste em perceber que fazemos o bem para as pessoas. Pois quando a vida pede passagem não há outra resposta a não ser empreender a viagem. Que seja leve e duradoura, sem medos, mas também sem ilusões. Pois tudo o que nos faz viver é para que aprendamos a viver bem.

Toda Criança Aprende – aprender é existir

Toda criança aprende. A condição humana é aprendida. Há alguns equívocos muito presentes nas tradições educacionais e pedagógicas atuais, a maioria deles sustentada por uma concepção inatista de aprendizagem. Fundamenta-se no pressuposto de que já nascemos com certas disposições para aprender ou não. Isso gera controvérsias e complexidades: alguns teriam as "capacidades" de aprendizagem, outros e outras não "teriam" estas qualidades, seriam "ausentes ou lacunares".

Para nossa concepção de educação, os chamados bloqueios de aprendizagem devem ser analisados em sua totalidade, muito mais como um problema da tradição pedagógica autoritária e da forma conservadora de organizar a escola e o currículo do que uma suposta "falha" da criança e do adolescente. Hoje, a ditadura da

DA EDUCAÇÃO QUE AMA AO AMOR QUE EDUCA

sociedade tecnológica, a apelação consumista, a exposição banal da sexualidade, a raridade de espaços humanizadores, a lacuna na formação artística, teatral, musical, nas artes plásticas fazem com que a indústria cultural seja um grande poluente sonoro e visual, chegando aos corações e mentes das crianças, sem os necessários filtros dos pais, sem dispositivos de crítica da proposta pedagógica da escola, na direção de mostrar outra música, outro repertório, outras brincadeiras, outras danças etc.

Criar espaços de humanização, de exposição serena das crianças a outras coordenadas antropológicas, a outra atmosfera de sentido, a outra música, de outra arte, de alegria, de teatro, de conversas, ajuda muito a "desbloquear" qualquer pessoa! A escola, para mim, deve ter clareza de ser contraponto, competente e lúcido, à indústria cultural alienante e consumista. Mostrar os grandes mestres e mestras da humanidade, neste tempo especial de aprender, é um trunfo inaudito! O conhecimento sensível e a sensibilidade esclarecida são os condutores do afeto e da lucidez crítica. Ensinar a pensar e a sentir!

Não gosto muito de comparações espúrias, cada nação tem sua identidade e tem suas próprias formas de organizar as suas escolas. Mas preciso reconhecer que algumas experiências históricas nos auxiliam a perceber a dinâmica da educação, moderna e contemporânea, sobre outros valores. As melhores escolas do mundo, da Finlândia, não têm a prática de mensuração e de classificação das crianças estritamente por notas, sobretudo concebidas como aquelas medidas que supostamente refletem a busca de rendimento individual e competitivo. A pedagogia ali dominante está focada na aspiração a que todas as crianças se desenvolvam em sua faixa etária, a seu tempo e plenamente integradas ao seu grupo, etário, socioafetivo, psicológico e cognitivo; portanto, compreendidas num projeto de articulação grupal, social, coletivo. As crianças são estimuladas a reagirem a um currículo flexível e pluralista, num arco de possibilidades que engloba o rendimento de todas elas, na pluralidade do grupo, com diferentes tempos, com diversidade de apropriação e de absorção.

Há umas que prestam maior atenção a uma determinada forma de estimulação didática, outras desenvolvem diferentes reações, mas hoje as crianças desenvolvem plurissintonias, isto é, estão "ligadas" como as próprias multimídias que constantemente acessam, muitas vezes. Eu quero acreditar que todos os seres humanos, todas as pessoas são capazes de aprender; que os estímulos escolares, as aulas, os estudos, as pesquisas, as exposições, a vivência nos grupos, os debates, as conversas, os fatos do cotidiano, enfim, são diversos e podem ser apropriados de diferentes maneiras pelas crianças. Cada uma a seu tempo e de sua própria forma, todas as crianças são capazes de aprender todas as coisas.

A maior motivação para a aprendizagem vem de imperativos éticos e estéticos de convencimento, realizados com profundidade pelos pais e pela escola. A educação escolar e a leitura são exemplos que derivam da família, em primeiro lugar, para depois espraiarem-se pelas escolas e pela sociedade. Uma família que não tem livros, pais que nunca leem, que só ficam nos celulares, consumindo tudo o que a indústria cultural oferece, projetarão esse modelo a seus filhos e filhas, nesta identidade: hedonistas, consumistas, exibicionistas. Pais que saem com os filhos para os parques da cidade, que visitam sítios, museus, parques ecológicos, teatros, zoológicos, espaços de preservação do patrimônio artístico e cultural, que viajam para Inhotim, para o belíssimo centro histórico de Santana de Parnaíba, estado de São Paulo, por exemplo, e apreciam um museu a céu aberto, que vão a Ouro Preto e absorvem a beleza desta cidade, tombada como patrimônio da humanidade, que visitam Goiás Velho e se enternecem na casa de Cora Coralina, como outro exemplo, dizem muitas coisas a seus filhos. Mais do que ir a Disney e Orlando, somente. Não critico quem vá a estes lugares. Mas fazer destes lugares o protótipo de lazer e de turismo é para mim um sinal de pobreza cultural. Prática e sentido que igualmente as crianças aprendem com facilidade. As crianças tendem a reproduzir o universo familiar!

E, por fim, acredito que todas as crianças são capazes plenamente de aprender! Precisamos superar os ritos classificatórios e meritocráticos tradicionais. Eu já tive exemplos de superação exemplar e admirável. Os pais e professores podem começar avaliando o contexto pleno da criança, seu mundo, seus estímulos, internos e externos, ouvindo suas queixas, aceitando suas versões, buscando superar as contradições que levam àquele resultado. Relativizar as notas escolares, hoje, pode ser um bom começo; depreende-se que a nota é resultante de uma estrutura baseada na memória e na retenção de informação. Ora, tomada estritamente, esta suposta qualidade mnemônica assemelha-se ao depositário de um "chip", que está disponível na internet, o Google ou o ChatGPT "sabem" mais de quantidade ou de volume de informação do que a escola etc. A Escola que eu sonho é mais do que informação e memória, é aquela capaz de transformar a informação em algo subjetivo, agradável, pertinente, com sentido para a vida das crianças e dos adolescentes! Isto é o que se designa como aprendizagem significativa, que guarda sentido para a criança, para seu universo, para seu mundo. E dele, como sujeito, a criança poderá alçar aos mais longínquos horizontes.

Conversas sinceras entre famílias e escolas

A família e a escola são os universos matriciais da humanização, do desenvolvimento humano, social e subjetivo, das crianças e dos adolescentes. Tanto a família quanto a escola precisam acreditar que o exemplo é a melhor prática educativa. Não adiantará muito, nos dias de hoje, fazer discursos e sermões para os estudantes, ou ainda fazer preleções para os filhos sobre as coisas, sem o devido acompanhamento da coerência e da verdade. Para ser educador, para entender o papel de pais e de mães educadoras, para se tornar e ser reconhecido como um professor-educador, é preciso ser verdadeiro, estar convencido de alguns princípios e agir como exemplo vivo. Se os pais exigem leituras, a melhor forma de educar é sentar-se junto com os filhos e ler com eles um livro, contar estórias, conversar, brincar. Exigir que as crianças leiam e nunca ser visto em práticas de leitura é um dos exemplos clássicos de incoerência. E se torna o paradigma de outras atitudes.

Nossos estudantes gostam de ver as pessoas sinceras e comprometidas com as causas da sustentabilidade ambiental, do compromisso social e da ética. Desse modo, estes princípios têm que estar no projeto pedagógico da escola, no dia a dia, nas práticas de acolhimento e de convivência entre os mestres, dos mestres com os estudantes e entre os próprios estudantes. A escola que ensina e prepara os seus estudantes para compreender o mundo do trabalho, da política e da cultura, e convoca a todos para darem sua palavra e contribuição. Só uma geração de professores e gestores humanizados, críticos, sensíveis e participativos produzirá uma geração de estudantes sensíveis, críticos e humanizados! A prática pedagógica cotidiana nos educa! Eu gosto de uma música do lendário grupo musical Legião Urbana que diz: "Você culpa os seus pais por tudo, isso é absurdo, são crianças como você!". Eu acredito que os pais, eu também sou pai, foram formados sob determinadas regras de conduta, sob algumas expectativas de comportamentos mais rígidas, próprias de sociedades pré-capitalistas, e que hoje tenhamos todos que aprender juntos, nessa nova realidade social e cultural. Muito há que se aprender hoje, entre as gerações, e nós, professores e pais, temos que ter a grandeza e a coragem de conversar com nossos filhos e sinceramente aprender deles e com eles! A grande e inalienável tarefa das famílias é a de amar e acolher seus filhos e filhas. A grande lição da escola é a de dar continuidade a essa experiência gratuita de amor e de acolhimento, com a consequente função de entronizar a criança e os adolescentes no

DA EDUCAÇÃO QUE AMA AO AMOR QUE EDUCA

mundo da cultura, na convivência com os diferentes, na ampliação do universo familiar.

A escola, para ser um agente de humanização, tem que ter relações orgânicas com as famílias e com a sociedade. Há diferentes papéis e diferentes funções formativas entre as famílias e a escola, embora ambas contribuam e se articulem na formação da criança e do adolescente, na produção plena da pessoa humana. Não deve a família terceirizar para a escola as funções e as bases educacionais que são de sua responsabilidade, tais como a formação moral, a educação ética e a integração social de seus filhos.

À escola cabe formar a criança na continuidade da formação familiar, com ênfase na aquisição de conhecimentos, nas atitudes e nas condutas, nas posturas pessoais e coletivas diante dos fenômenos institucionais e vivenciais, cabe à escola solidificar os valores, acentuar e legitimar as práticas de solidariedade, de responsabilidade, de sustentabilidade, mas o lugar do nascimento e o reforço estrutural dessas práticas é a família. E, de algum modo, é também a sociedade, os seus espaços e as suas expressões, que atuam num processo coadjuvante de formação da criança e dos adolescentes iniciados na família e fortalecidos pela escola. Os pais podem (e devem) participar intensamente da vida educacional, cultural e escolar de seus filhos. Mas participar não é somente investir numa boa escola, cobrar os conteúdos ou manifestar atitudes similares. Participar é acompanhar plenamente o desenvolvimento de seus filhos, a partir de uma premissa de que é preciso acreditar que cada pessoa é uma versão única e original da vida. Acompanhar seus filhos nessa apropriação da humanidade, ajudá-los no desenvolvimento de suas identidades e na formação de seu caráter, aceitar as identificadas características de seus filhos, reforçá-los em suas escolhas, apoiá-los em suas decisões! Os pais presentes na vida moral, cultural e educacional dos filhos são os luminares desses filhos!

Saber, conhecer, são valores socialmente muito importantes, mas têm que ser acompanhados de parâmetros éticos e políticos voltados para a promoção da vida, a prática da liberdade, o respeito às diferenças. Não posso ter uma presunção de que o saber esteja acima da vida, da igualdade humana. Não pode a erudição superar a sabedoria! É preciso formar as pessoas para aprender que a vida é o nosso penhor e graça, voltada para a busca da felicidade, como ensinava Aristóteles! Só há dois caminhos para a felicidade: a *ética*, cultivar valores pessoais e grupais, e a *política*, estabelecer consensos coletivos altruístas, elevados, inspiradores. Temos que aprender sobre as coisas, sobre o mundo, para sermos pessoas melhores, solidárias, sensíveis!

Dizia Gandhi: *Seja você o primeiro a realizar as mudanças que você deseja para o mundo*! Os meios de comunicação de massa, hoje chamados de mídia, estão hoje num vertiginoso processo de transformação, de fusão e de ebulição criativa. São múltiplas suas fontes e formas. Mas, a despeito do reconhecimento da grandeza da Internet, dos utensílios de manejo digital pluralista (rádios, fotos, imagens, jogos, arquivos), isso não pode ser um fim em si mesmo. Uma radical dependência desses objetos digitais que parecem mágicos pode tirar a pessoa da dinâmica da vida real. Saramago usou a célebre metáfora de Platão: "Estão todos numa caverna, vendo o mundo às avessas!". Para mim essa tecnologia de

DA EDUCAÇÃO QUE AMA AO AMOR QUE EDUCA

informação e de comunicação, rica e diversa, não pode prescindir de um condicionamento ético, antes que tecnológico. Junto a tais parafernálias eletrônicas vêm uma ansiedade de vencer, um senso de descartabilidade, uma sensação de poder e de manipulação que pode retirar importantes descobertas humanas da pauta cotidiana da vida. É preciso ter um senso ético para o domínio e não a dependência tecnológica descartável e rapidamente obsolescente. Trata-se mais de uma questão de formação, de diálogo, de debates do que de interdição ou imposição de limites.

A educação afetiva e a ética da convivência amorosa

Quando me proponho a analisar, a debater e a buscar compreender a complexidade da identidade da educação brasileira, desde a sua formação histórica, passando por seus determinantes políticos e filosóficos, até chegar aos processos curriculares, à organização didática e administrativa da escola, à consideração da questão da avaliação, entre tantos outros temas, acabo percebendo que deixamos de lado dimensões antropológicas essencialmente humanas, e que hoje são desafios e urgências, analíticas e propositivas. Uma das mais urgentes dimensões a se considerar é a questão da afetividade, a qualidade social e subjetiva das relações pessoais, das relações travadas entre as pessoas, entre os sujeitos que estabelecem relações radicalmente humanas na escola. Descuramos, não assumimos como importantes ou até mesmo como consideráveis as questões que envolvem a educação afetiva e emocional.

O ser humano é um ser aprendente. Aprendemos a condição humana, ela é transmitida pela prática social, pela cultura, pelas inter-relações entre as gerações, pela linguagem, pelas condutas, pelos saberes e conhecimentos, pelos valores, pelas instituições, enfim, por tudo aquilo que acumulamos em nossa marcha e trajetória histórica. A condição humana é aprendida. Neste sentido, não nascemos prontos, não somos seres acabados, somos processo, somos projeto aberto, somos sempre travessia! Cada pessoa é uma construção, original e única, da diversidade da condição humana. Daí ser a vida, a convivência social, a maior troca simbólica da formação humana. Conviver com outras pessoas, estar juntos, é entender a vida, dramática e maravilhosa, em sua plenitude.

Neste sentido é que tenho defendido a questão da educação afetiva. Afetividade significa, para esta consideração reflexiva, educar para a sensibilidade, educar para ter imperativos éticos e estéticos referentes a outras pessoas, à natureza, à diversidade da vida e do mundo, aos valores, às artes, aos conhecimentos e, sobretudo, à polifonia das personalidades, das diferentes pessoas, culturas, identidades, grupos e movimentos que nos cercam. A vida, em si, é uma grande epifania de vivências, de desabrochamentos de experiências, de vitalidades, emoções, alegrias, perdas (igualmente) e achados! Compreender a vida como dádiva de Deus, para todos os que acreditam, e da natureza é um primeiro passo para aprender a viver bem!

Educação afetiva é a criação de uma atmosfera vivencial de sensibilidades, de gestos elevados, esteticamente belos e bons, como aqueles que cultivamos como essenciais. Praticar a palavra acolhedora, a bendizer os dias e as pessoas, a celebrar os encontros, a pedir desculpas e perdões pelos erros, pelas contradições, pelos desvios padrões que acontecem entre nossos desejos, nossas necessidades e nossos atos reais é sempre cultivar a paz, a leveza, a generosidade, a esperança, o bom trato, a convivência pluralista, diversa, amorosa, isto é, carregada de laços de pertencimento, de pequenos gestos de acolhimento, de demonstração da especialidade de nossa condição cultural humana.

Educação afetiva é erigir alguns valores como "sagrados" para a convivência familiar, escolar, social e grupal, tais como a disposição para o trabalho em grupo, a decisão consultiva, as escolhas voltadas ao bem de todos, a paz e a democracia, o respeito à dignidade de toda pessoa, a condenação de toda forma de violência, simbólica ou real, a condenação firme de toda crueldade, de toda covardia, de toda destruição predatória do ecossistema, dos animais, das flores, do meio ambiente, da natureza. Ter sobretudo o sagrado amor à vida, proteger os que precisam de mais afeto, de mais proteção, combater todo sofrimento humano, notadamente aquele socialmente produzido, para que possa ser socialmente transformado.

Educação afetiva é mudar o olhar para com as crianças, os adolescentes, os jovens. É ser exemplo, é convencer pela palavra e testemunhar com as atitudes, no dizer da grande alma Gandhi: "Seja você no mundo a mudança que você deseja para ele". Educar para erigir "aquilo que nos afeta, a afetividade" sobre coordenadas antropológicas de solidariedade, companheirismo, amizade, lealdade. Como cantava o poeta pantaneiro Almir Sater, com seu amigo "caipira" Renato Teixeira: "É preciso amor pra poder pulsar, é preciso paz pra poder sorrir, é preciso a chuva para florir!". Observem bem, a chuva está caindo, a natureza está fazendo a sua parte! Faltam as outras duas disposições para a vida ser melhor!

Educar para as virtudes, pelo exemplo que arrasta

Tenho defendido, em diversas frentes de debates, que a educação é um longo e exigente processo de humanização, isto é, de produção social e de engendramento cultural da condição e da identidade humana. Não se trata de defender uma posição unilateral, como se somente houvesse esta construção social, isto é, realizada pela coletividade, pelas instituições sociais, com um acento quase que único da dimensão cultural, grupal, histórica, cultural. Há igualmente a apropriação subjetiva, a forma, o ritmo, a cadência ou a identidade de nossa apropriação subjetiva das coordenadas humanas de origem e de identidades sociais; a forma como aprendemos a língua, as condições de construção de nossa autoestima, o acolhimento das pessoas de nossa família, a descoberta significativa do corpo e de suas necessidades e marcas, as vivências com outras crianças, com os adultos, com o mundo exterior, com a sociedade organizada, com toda a civilização e a cultura, por meio dos saberes, dos conhecimentos, das manifestações dos mais velhos, enfim, de todo o mundo cultural e natural. Somos pessoas híbridas, constituídas pela sociedade, pela nossa natureza, pelas nossas formas próprias de reagir e assimilar nossas necessidades e estabelecer nossos desejos, de constituir as aprendizagens, de apropriar dos conhecimentos e também de observar as atitudes circundantes.

Nesse sentido, a condição humana é aprendida. Na marcha das sociedades e da civilização, ainda que haja diversas matrizes e diferentes tradições, fomos constituindo modelos e paradigmas de transmissão, de internalização, de educação e de formação dos consensos morais, das matrizes éticas e dos referenciais atitudinais dos grupos. Ninguém nasce ou se faz pessoa sozinho, nascemos numa cultura, e nela nos fazemos homens e mulheres; através da linguagem, na repetição de fonemas e de sons, para aprender a falar, no domínio de referenciais sensoriais e motores, para aprender a andar, na apreensão de papinhas e sopinhas até aprender a comer, na estimulação e nas práticas de ninar para aprender a dormir, nas estimulações para rir e nos afagos para aprender a parar de chorar, tudo é aprendizagem! O que é quente e o que é frio, o duro e o mole, as formas físicas do mundo, as regras sociais basilares, os horários, as atitudes esperadas, enfim, a educação social.

Aprendemos a ser e a agir como seres humanos com os outros seres humanos! E, nesta tarefa, aprendemos as coisas materiais, fundamentais e necessárias para nossa proteção e crescimento, as práticas nutricionais, as coordenadas higiênicas e corporais, as

DA EDUCAÇÃO QUE AMA AO AMOR QUE EDUCA

expressões de comunicação, oral, corporal, facial, e todas as suas derivações. Mas, do mesmo jeito que aprendemos as coisas fundamentais para viver; comer, vestir, dormir, andar, teremos que aprender as coisas de natureza moral, isto é, os valores, as regras, os consensos sociais, os hábitos. Nesta segunda dimensão, vamos aprendendo as relações sociais constituídas, os consensos básicos de convivência, as convenções e os limites da sociedade, familiar, escolar, social, grupal etc. Há sempre aprendizagens sociais, algumas de base familiar, outras de natureza e de responsabilidade social, isto é, que dizem respeito ao agir na sociedade.

Podemos aprender sempre, e em todos os atos e atitudes humanas há consequências de nossas atitudes e ações. E tais consequências alcançam tanto nossa realidade pessoal e singular como atingem e expressam sentidos para os demais seres que conosco convivem. Para fortalecer as coisas boas que aprendemos, aquelas que nos dão sustentação como pessoas, vamos constituindo algumas ações referenciadas, com o reforço de sentidos definidos como boas ou bons, e vamos repelindo as ações e atitudes que guardam sentidos considerados nocivos, denominados como supostamente más ou maus.

Aos hábitos ou comportamentos repetidos, de base e natureza consideradas boas ou marcadas pelos efeitos que chamamos bons e necessários, chamamos "virtudes". Aos hábitos ou comportamentos socialmente negativos, com efeitos que consideramos impróprios ou inadequados, chamamos "vícios". A tradição filosófica grega dedicou muitas páginas e inolvidáveis reflexões sobre estes temas. Sócrates, Platão e Aristóteles definiram grande parte destes axiomas.

Nesta ambivalência, podemos aprender a viver e a reproduzir, com convicções internalizadas por sentidos simbolicamente fortes, constituintes de nós mesmos, através de hábitos bons, que se reconhecem como virtudes, ou ainda podemos ser educados para a adoção de ações e vivências, comportamentos e atitudes definidas como hábitos ruins, isto é, que produzem coisas consideradas más, definidas como vícios ou hábitos negativos. Esta contradição é paradigmática. Somos educados para viver o bem e para praticar o mal, que sempre são igualmente considerados socialmente produzidos e culturalmente assim definidos.

Nada advém de nossa suposta "natureza". Ninguém é bom ou mau em si mesmo, como se nascesse com algumas marcas já definidas a priori, em sua personalidade, em sua "alma" ou em sua identidade subjetiva. Esta premissa é originária de tempos muito antigos, que supunham que as almas definiam nossa identidade no mundo, que já havia, antes mesmo do nascimento, almas boas e ruins, que nos constituíam como tal. O sentido do bem e do mal são socialmente constituídos. Nada é definido como se fosse aquém da nossa história ou de nossa experiência cultural. O bem e o mal são condições e guardam dimensões sociais e culturais, aprende-se o bem como aprende-se o mal. Não se nasce com eles. São adquiridos ou internalizados pela educação moral.

Deste modo, para ensinar as virtudes é preciso primeiro reconhecer o que seja a vida virtuosa. Os valores éticos, as elaborações elevadas da beleza e do bem, os valores da convivência e da organização da sociedade, as virtudes pessoais e as virtudes esperadas para a vida social terão que ter legitimidade e reconhecimento

DA EDUCAÇÃO QUE AMA AO AMOR QUE EDUCA

como um todo, nas práticas sociais. Somente uma geração de pais, de educadores e de professores, de artistas, de agentes sociais, que vivem determinadas virtudes, poderá ter legitimidade para educar e para ensinar para as novas gerações as mesmas premissas éticas e estéticas que desejam para o mundo. A virtude é ensinada, sempre; uma sociedade que eleja a tolerância e a diversidade, a dignidade da vida humana como sagrada, a compaixão, o acolhimento, o respeito a todas as culturas, a solidariedade e o amor – certamente deverá repassar estes valores para seus filhos e filhas! A melhor educação para as virtudes é a persuasão autêntica e o exemplo testemunhal. A virtude é ensinada, o melhor ensino é o exemplo, a prática moral!

A educação como primeiro direito humano

A educação básica do Brasil precisa ser prioridade nacional. As políticas educacionais do Brasil buscaram gerar um novo padrão de serviço público educacional e de uma nova vivência da educação escolar, como direito subjetivo e social. Não se trata mais de entender a educação como mediação para o trabalho ou para uma cidadania tutelada. A cidadania viva e real a que aspiramos é aquela que nos engendra como pessoas, como seres sociais e culturais, plenos de direitos e da consciência deles.

Mas nem sempre foi assim. A educação e a escola, no Brasil, ressentem-se de identidades autoritárias, plasmadas por formações econômicas e políticas de dominação, de inculcação ideológica e de padronização comportamental. Nossas matrizes culturais expressam este nicho estrutural. A escola só encontra as chaves de sua decifração na prática social. Não se explica a escola pela escola e por seus regimentos, seu currículo, sua identidade institucional. Quem quiser decifrar a educação e a escola terá que estudar a sociedade que a definiu e a mantém.

A vivência, ainda que tênue, de um novo processo social e político, inaugurada pela conquista do estado de direito, formalmente marcado pela promulgação da Carta Constitucional de 1988, já condensa uma nova configuração jurídica para nossa realidade brasileira. O Estatuto da Criança e do Adolescente, o Estatuto do Idoso, o Estatuto da Juventude, a Lei Brasileira da Inclusão, a Lei Maria da Penha, a conquista da obrigatoriedade da educação escolar de quatro a dezessete anos, determinada pela Emenda Constitucional 59, o Plano Nacional de Direitos Humanos, o reconhecimento da dignidade da diversidade sexual, as políticas de reparação, o reconhecimento da dignidade plena da condição do negro no Brasil, a política de proteção ambiental, a demarcação de terras indígenas e quilombolas, o Código Florestal Brasileiro, o Plano Nacional de Educação, com a indicação de 10% do PIB para o financiamento da educação brasileira, entre outros dispositivos, revelam a efervescente revolução jurídica e cultural engendrada no âmago da sociedade e da cultura de nosso país.

Eu prefiro ver a "terceira margem do rio"! Considero a realidade da política, levo em consideração a dinâmica da economia, mas, para mim, a sociedade civil brasileira se estrutura sobre uma nova base: o direito de todos, a tolerância, a diversidade, o *ethos* republicano. Esta mudança se dá em cada embate cotidiano, em cada frente de lutas, todo dia, em todos os cantos e antros deste nosso país. Temos que ter clareza de que a legitimação destes novos direitos civis e o empoderamento destes novos sujeitos sociais é um processo demorado, feito de avanços e recuos, passos e descompassos. Mas ninguém consegue parar o tempo, nem a marcha da história, nem a força das contradições!

Estamos avançando na terceira década do terceiro milênio, teremos outros campos e outras atalaias para defender o que já conquistamos, com a firmeza de quem sabe o preço destas conquistas, na consciência de nossa história cruel e excludente. A escola, como espaço de humanização e de formação para a cidadania, cultural e política, deverá tomar parte deste debate, desta construção, na direção da educação que emancipa e que produz o homem e a mulher para a vida em sociedade!

Mas é preciso ser revolucionário no conteúdo e na forma. Fazer acontecer a história da emancipação e da libertação de todos os grupos, subjugados e oprimidos, com traços de humanização e de superação, na direção da utopia! Nesta década estaremos novamente atentos, para fazer valer a luta dos que deram o melhor de si, suas ideias e movimentos, alguns deram mesmo a própria vida, para que pudéssemos hoje viver o que estamos vivendo e ver o que estamos vendo acontecer! Para levar adiante estas causas, de humanização e de cidadania, com nossa consciência lúcida e crítica, seguida de nossa vontade esperançosa e propositiva!

A dimensão pública coletiva e a necessidade da elevação estética da privacidade de cada pessoa

Tenho pensado muito em escrever algumas considerações sobre a questão das dimensões públicas e privadas de nossa condição social e particular. Vivemos em sociedade, todas as nossas ações e todo o nosso ser está marcado por esta causa eficiente: somos processo e produto da prática social. Mas, dialeticamente, somos sujeitos, no sentido de assumir uma identidade, ainda que seja uma esfera aberta, histórica, como nosso fulcro identitário, ao mesmo tempo em que somos assujeitados, isto é, submetidos, seja pela educação, pela cultura, pela história. Estas duas dimensões articulam-se em nossa identidade cultural, polimórfica, polifônica, pluralista.

Mas, para dar conta do peso existencial que nos abate, constituímos espaços menores, particulares, que significa "o que é próprio de uma parte", outros denominamos singulares, que dizem respeito ao pessoal, ao "singular", ao próprio de cada um. Há dimensões sociais e coletivas, grupais e particulares, pessoais e subjetivas. Cada uma destas dimensões da realidade deveria ser, amiúde, bem compreendida e bem vivenciada.

Eu não abomino a dimensão social, seria uma forma de negação falsa, já que a dinâmica da vida social e da sociedade nos constitui. Mas eu acredito na necessidade de espaços prioritários de segurança afetiva, de desvelamento irrestrito, de calmaria, sem exposição, sem controles extremados, que são os espaços de privacidade, no sentido cultural e psicossocial, como os espaços das vivências das famílias, como o círculo de amigos, como os lugares de paz, o deleite do passeio, a praça, os jardins de que gosto, a igreja. Nestes espaços eu conheço pessoas, cumprimento uma e outra, riem para mim, acenam, perguntam sobre a gripe, sobre meus filhos etc. Convivo há mais de quatro décadas com estas pessoas. São minha riqueza privada. Viver bem no ambiente privado, neste sentido cultural, no mundo da vida, é uma virtude. E um direito!

Hoje há uma ansiedade para ser visto. Sei que todos precisamos de muitas destas coisas, mas algumas pessoas, sem avaliar bem, extrapolam as dimensões e limites, confundem os ambientes, desarticulam as identidades. Tomam o que é público como se fosse particular ou subjetivo. Desta esquizofrenia ética e política derivam a corrupção, o crime, entre outros fatores. Mas há pessoas que se

DA EDUCAÇÃO QUE AMA AO AMOR QUE EDUCA

apropriam das privacidades (dos outros) como se fossem coisas e objetos públicos, de todos ou para todos! Equivocam-se!

Hoje há a questão das fotos públicas! Gosto de fotos, autorizo que coloquem fotos minhas nas páginas pessoais, como uma forma de convívio, uma distinção, um acolhimento. Aceito todos os carinhosos pedidos, faço poses para fotos. Meu trabalho é público, a atividade ali é pública, não vejo nenhum obstáculo ou dificuldade em tirar e publicar fotos de dimensões e de atividades definidas como públicas. No meu trabalho, a natureza da ação é pública, as fotos registram os olhares, as impressões, os acolhimentos das pessoas ao meu agir, às minha ideias, textos, discursos etc.! Todas as fotos públicas eu as cultivo como públicas, as valorizo e respeito!

Mas não gosto de fotos que expõem dimensões privadas, pois a natureza destes espaços é outra! Uma festa de amigos, uma festa em família, um jantar, um churrasco, um batizado, uma celebração – são dimensões particulares, são de um grupo de pessoas, não são públicas, não são, a priori, para todos. Fotografar, com autorização, estes acontecimentos é parte de nossa cultura. Até mesmo publicar, aqui e acolá, uma ou outra foto pode até ser visto como uma forma de divulgação. Com limites. Mas deleitar-se em expor fotos, definitivamente privadas, no espaço público para mim é uma relativa confusão. Eu queria pensar que conviver com alguém, no âmbito privado, é tão grandioso, muitas vezes, que somente a liturgia de estar juntos seria o prêmio, a compensação afetiva. Não há tanta necessidade desta ansiosa e impulsiva vontade de publicizar as coisas do cotidiano, da vida comum e boa do dia a dia! O particular deveria ser visto por aqueles que vivem naquela parte, naquele espaço privado. O singular é da pessoa. Descartes escreveu a famosa tese da modernidade racionalista: Penso, logo existo! Hoje parece que mudamos estruturalmente o texto para "Digito, logo existo", ou sua variante "Posto, logo existo!". Temos que pensar.

A cultura é que nos faz humanos, a cultura nos humaniza

Quero abrir aqui uma reflexão coletiva sobre cultura. Mas que seja feita em termos criteriosos de fundamentação. Não se pode perder tempo com conceitos alienados, rudes, ideologicamente colonizados. O conceito de "cultura" nos ensina muitas coisas! Aprendi com Alfredo Bosi. O verbo latino *colere* significa *cultivar*, arar a terra, revolver, plantar na terra. Um sentido bem material, bem real, sem nenhuma abstração inicial. Reporta-se às condições do homem na fase de sedentarização, quando necessita produzir os meios de sua subsistência na terra, em condições de exploração agrária, tempo no qual teria que inventar a agricultura e fixar moradia e proteção coletivas. Ao "cultivar" a terra os grupos humanos extraem da terra sua sobrevivência. Esta é a premissa basilar. Os homens estão fadados a produzir os seus meios de sobrevivência material. Transformar a natureza para saciar suas necessidades!

O particípio passado do verbo latino *colere* é a palavra *cultus*, que significa: "o que já foi cultivado, o que já foi explorado, o que já serviu de vida para todos". Nas regiões e nas terras já esgotadas, noutras de difícil trato agrícola, ou naqueles espaços marcados por especiais condições, tais como os morros, colinas, alguns penedos, costumava-se enterrar os mortos, sobretudo com marcas de fácil reconhecimento e que eram rigorosamente observadas e consideradas como sagradas para os grupos humanos. O primeiro rito religioso genuinamente humano é o reconhecimento do culto aos antepassados, aos mortos. O "culto" se expressa aqui, o *ethos* da religião como o culto aos mortos, o reconhecimento da "terra que já foi cultivada", que já "serviu e alimentou o grupo".

O particípio futuro do verbo latino *colere* é *culturus*, que significa: "o que se deve ensinar aos pequeninos, às crianças, aos jovens, para que eles possam cultivar a terra e reproduzir a vida social, material, econômica e espiritual do grupo". Cultura vem desta raiz. Cultura é a dimensão histórica, social e grupal da vida humana em sociedade. Sem cultura não se realiza a dimensão do agir humano em sociedade: presente, passado e futuro! A cultura é a consciência material e coletiva da ação humana, na cultura está a identidade dos grupos humanos!

Cultura é tudo o que os grupos humanos e as pessoas produzem. Tudo o que o ser humano faz e realiza é cultura! Tanto quanto

DA EDUCAÇÃO QUE AMA AO AMOR QUE EDUCA

trabalhar e pintar, fotografar e cantar, escrever e chorar, rezar e amar, fazer casas e usar brincos, contar os dias e olhar a lua, registrar poesias e pintar nas cavernas as cenas de caça – tudo, absolutamente tudo isso é a produção social da condição humana!

O primeiro passo, na direção certa, já é a metade do caminho!

Esta bela frase, como uma criteriosa máxima, derivada de uma iluminada filosofia de vida, é atribuída ao sábio oriental Lao-tsé. Tenho muito apreço e admiração por este pensador e pelas tantas frases ou fragmentos de seu pensamento que permaneceram vivos na memória da civilização e da cultura humana universal. Ela me ajuda agora a realizar uma importante escolha! Explico as minhas razões. Gosto muito de escrever, sinto uma alegria imensa ao sentir que as pessoas acolhem e demonstram generosas ressonâncias sobre minhas pequenas postagens nas redes sociais, sobre alguns comentários que redijo na minha página pessoal, nos espaços que administro, reais e virtuais, de comunicação e de diálogos. E, por

Da educação que ama ao amor que educa

gostar de escrever, tenho receio de escrever por demais, de não saber o limite, de estender por demais os textos, enfim, de acabar sendo impertinente e desmedido. Minha geração é conhecida por ser uma gente exagerada!

Outro receio, o de não dar conta das coisas, de não corresponder ao ideal de meus leitores, de não saber responder às eventuais demandas, no tempo tão rápido, dinâmico e vertiginoso da vida de hoje. Também não queria cair no pantagruélico mundo de banalidades e veleidades sem sentido. Tenho dúvidas de conteúdo e de forma! Fiquei meio perdido entre a projeção ideal e as dificuldades reais. Mas, ao cabo destas dúvidas, acabei sendo convencido de que deveria tentar manter a regularidade de meus escritos! Quero muito que meus escritos sejam um espaço de comunhão de ideais, de fortalecimento de convicções, de franqueza e de lealdade nas divergências, mas, sobretudo, de respeito à diversidade, ao pluralismo, à pluralidade de toda sorte e natureza. Textos que definam o pretexto de engendrar espaços de acolhimento e de alegria, pontuado por debates, por opiniões e ressonâncias, por comentários e apontamentos, alguns criteriosos e conceituais, outros mais leves, próprios das primícias dos acontecimentos, alguns carregados de argumentações, outros como olhares, muitas vezes ainda impregnados pela força de nossa realidade! Como Lao-tsé dizia, sabiamente,

(...) um caminho de mil léguas começa com um primeiro passo! E este primeiro passo, na direção certa, já se traduz na metade do caminho!

Decifra-me ou te devoro

Viver um tempo de pandemia não era o que eu imaginara em nenhum de meus piores pesadelos. Pois o conceito de pandemia trazia à memória um estranho e assustador cenário de dores, de mortes e de doenças, de imagens desfeitas e de flagelos sem-fim. Imaginava pestes medievais e contaminações trágicas marcadas por corpos amontoados, por gente desolada em prantos e por coletivas histerias, por uma sucessão de acontecimentos que retratavam loucuras e tristezas, numa tétrica representação de mortandades sem par pela história afora. Meu imaginário era povoado por estas imagens quebradas.

A realidade da pandemia da Covid 19 me fez mudar esta imagem teatral. Via os números e as curvas, todos os dias, expostas com uma didática expositiva perfeita, nas televisões e canais do mundo todo, e observava a impecável apresentação dos jornalistas, todos elegantes em suas roupas sempre originais, na cobertura da

DA EDUCAÇÃO QUE AMA AO AMOR QUE EDUCA

imprensa, sempre entre o polido e o frio bastão da suposta imparcialidade. Mas alguma coisa me incomodava: como decifrar uma pandemia, como entender suas causas e sua dinâmica, de onde veio, para onde vai? – se é que há estes hiatos de idas e de vindas que sempre buscamos admitir nos acontecimentos desta natureza. Foram dias e dias de estupefação e dores.

E acabei buscando dar conta desta tarefa exigente: decifrar a pandemia. Ao escrever a palavra "decifrar", lembrei-me do universal bordão da Esfinge, a devorar os tebanos com uma mortal charada ou um letal enigma: *decifra-me, ou te devoro!* Não preciso dizer que este é o *leitmotiv* de minha necessidade de escrever estas mal traçadas, a ansiedade para decifrar a Esfinge da Covid 19 e não ser por ela devorado ou aniquilado. Sinto a pergunta da Esfinge nos meus ouvidos e sinto seu bafo de morte em minha alma.

Eu pedi as bênçãos das iluminações das madrugadas insones para pensar em silêncio, e neste recolhimento ousar preparar meu espírito para a decifração da Covid 19. Pois quem não decifrar a pandemia será fatalmente devorado por ela, sem nenhuma exceção, sem piedade ou alguma outra disposição. A tarefa de decifrar a Esfinge se renova no último ano da segunda década do terceiro milênio. Não haverá fim de ano enquanto não soar a extinção da maldição.

As coordenadas que me balizam nestas madrugadas sempre se referem a Clio, a ninfa da história. Nela me valho para alcançar algumas iluminuras possíveis neste barco sem leme, sem que eu me sinta capaz de guardar a moeda para o barqueiro da travessia pantanosa. Só vive quem faz, só vive quem vê.

A economia da sociedade moderna alterou radicalmente a realidade do mundo, do planeta. Nossas invenções e descobertas, da Revolução Industrial e Urbana (1780) para cá, já acumulando mais de duzentos anos de desenfreada agressão aos recursos naturais do mundo, sob a batuta de um antropocentrismo empirista e racionalista, na ânsia de supostamente dominar o mundo e submetê-lo ao ser humano, de produzir mais e melhor, de desentranhar todos os mistérios e de dessacralizar todas as matérias, chegou a um ponto sem volta. Máquinas hiperpotentes, inteligência artificial, satélites e miríades de recursos energéticos de toda sorte, tecnologias indiscutíveis foram grassando os campos, reduzindo os espaços da natureza primordial, expurgando os animais, extinguindo outros, ocupando tudo ao sabor das forças e dos interesses pantagruélicos do capital.

Foi a avassaladora e desenfreada corrida do capitalismo racional e produtivo, movido pelo lucro e pela apropriação das forças naturais que gerou a mercadoria. E a mercadoria é a mãe da pandemia. Foi a mercadoria que cerrou as fronteiras nacionais, regurgitou as peias éticas idealizadas e tomou de assalto o mundo inteiro, o planeta todo. Foi a mercadoria que abriu rotas por mares reais e oceanos virtuais, navegando no capital especulativo e na vigilância de todos sobre todos e tudo. A mercadoria gerou a pandemia. A pandemia é filha da mercadoria. Sem entender e sem superar a civilização que tirou a harmonia do mundo não há salvação.

Se a derrubada do Muro de Berlim (1989) representa o fim de um modelo de socialismo real, que pretendera realizar uma crítica e uma suposta superação estrutural do capitalismo, sem o conseguir, a disseminação da pandemia da Covid 19 representa, para mim, o

DA EDUCAÇÃO QUE AMA AO AMOR QUE EDUCA

ocaso, o crepúsculo, a agonia do modelo de capitalismo que gerou a mercadoria e abriu todas as veias do mundo para a circulação livre de seus tentáculos. A mercadoria moldou o mundo e gerou a filha dileta de si mesma, a pandemia.

Sem campos e sem montanhas, sem águas e sem lugar, o vírus estritamente animal deslocou-se da célula matricial para a célula humana, igualmente animal. Foi chamado de "novo" coronavírus, pelas alusões a representações de pequenas coroas em seu invólucro viral. Este codinome de "novo" justifica-se, pois encontrava uma nova colônia celular nos organismos humanos. Os seus ascendentes, presentes em aves, bovinos e suínos, eram os "velhos" coronavírus.

No dia da Parúsia haveremos de entender que a pandemia foi gerada pelo consumo, pelo assalto ao mundo natural, pela hecatombe da destruição das florestas e da poluição dos rios e mares, mas, sobretudo, pela geração de uma desigualdade ignominiosa no acesso e no usufruto dos bens materiais coletivamente produzidos pelo conjunto dos homens e mulheres: moradias desumanas e indignas, falta de acesso à saúde, transportes coletivos irracionais, falta de saneamento básico nas casas, recursos hídricos caros e desviados para a produção, e não para o bem-estar das pessoas, cidades neurotizantes de trânsitos caóticos e mortais, tudo o que costumeiramente vemos e já não sentimos. Uma minoria próspera e uma maioria desvalida. O capitalismo foi capaz de produzir riquezas incontáveis, mas é intrinsecamente incapaz de distribuir as mesmas riquezas para todos e para todas.

Com estes pensamentos minha alma não dorme jamais. A vacina, produto da ciência aplicada, será capaz de salvaguardar algumas contradições sociais e sanitárias, se for submetida a uma nova lógica, a da distribuição pública de doses necessárias e recorrentes. Mais de vinte anos serão necessários para ajustar um protocolo saudável e seguro, com a democratização efetiva das vacinas, se vier a acontecer. E a Esfinge continua a perguntar: *decifra-me ou eu te devorarei!* A resposta de Édipo é a seguinte: *é o ser humano, que de manhã parece ter quatro patas, quando engatinha, ao meio do dia parece ter duas patas, quando caminha como um bípede, e, ao fim do dia, alcança um cajado, que parecer ser uma terceira pata.* Só quando o ser humano for a resposta a Esfinge será decifrada!

Começar sempre

Tomei a vacina chamada tecnicamente de "bivalente". Tudo bem, tudo certinho. Senti alegria, proteção e segurança na vacina. Temos visto a luta para recompor a racionalidade da vacinação pública. E tenho pensado muito na vida, nestes dias difíceis que atravessamos... Parte já foi, mas ainda não acabou. Sinto-me vivendo uma experiência kafkiana: acordar feito Gregor Samsa, uma ridícula barata. Barata não, que eu detesto baratas. Talvez um pernilongo. Também não, odeio pernilongos. Não sei se vocês se aperceberam, mas tem aumentado o enxame de pernilongos em nossas casas. São inoportunos, tão ridículos quanto as baratas. Talvez um sapo. Gosto dos sapos. Vai ser esse o meu pesadelo.

Ah, ainda bem que me lembrei a tempo – sapo não pode ser – vai que um ósculo desavisado me transforma em príncipe. Príncipe não quero ser. Tenho visto o patente e escandaloso *emplebezamento* da família real britânica. Inventei esta palavra. Não quis usar a "proletarização" da família real. Seria demais.

Perdi o fio da meada. Outra expressão difícil, do tempo em que as pessoas costuravam. Eu nunca costurei nada. Bem, eu queria dizer que tenho ficado preso às coisas do dia a dia, algumas rotinas sem graça, outras nem tanto, outras ainda também. Tenho mantido uma intensa relação com os meus gatos, sei a hora que comem, bebem água etc. Criei uma dependência do meu Croc, uma espécie de chinelos para ogros. Faço tudo com o tal de Croc. É lavável, não tem cheiro e não arrebenta as tiras. Ah, nem tem tiras. Desculpem outra vez.

Descobri que detesto os enormes selos que existem nas roupas. Penicam a gente. Outro verbo antigo, penicar. Eu sempre corto os selos horrorosos. É quase certo que erro os limites e acabo descosturando as peças de roupa. Tenho usado camisetas, mas não me dou bem com camisetas que ostentam frases, somente aquelas que são feitas para este fim. Cuecas, então, me perdoem. Péssimo o gosto de ostentar letras garrafais na borda superior das cuecas. Não somos painéis de propaganda, para não falar outdoors ambulantes. Não gosto de frases em inglês, principalmente. Assumi destreza digital, o zapeamento, vou para cima e para baixo com uma rapidez indescritível. Outra abstração, pois nem saio do lugar, diante da Medusa, olho para ela e viro pedra, dos noticiários em diante. Como canta a dupla filosófica Ana Carolina e Seu Jorge: "É isso aí!".

Crônicas minimalistas de um confinamento necessário, longo, mas opaco por demais. Ah, lembrei. Fiquei uma autoridade em café nesta pandemia que virou um pandemônio. Fiz o equivalente a três estágios de pós-doutorado em café. Conheço tudo, sei até o ritmo das bolhas no exato momento de despejar a água no coador e inebriar-me do cheiro bom do café. Nem os deuses do Olimpo, que amavam ambrosia, nem a corte de Luís XVI, que adorava rapadura (também gosto!) é tão agraciada pela beleza e distinção de paladar, pelo cheiro bom de um cafezinho e pelo frenesi escoante dele pela boca e *incontinenti* deslizamento goela abaixo! Dou metade do meu reino por um cafezinho passado na hora! Ah, eu nem tenho reino. Desculpem pela última vez.

Minhas almas tantas

Estou tentando escrever um texto sereno, desses de acalmar as almas que habitam em nós. Sim, pois eu tenho certeza de ter em mim pelo menos cinco almas diferentes. Fernando, o Pessoa, tinha sete almas, três ou quatro muito conhecidas e expressivas. Estou por aí, uma hora chego lá. As almas vivem em ebulição dentro de nós. Por isso somos tão vulneráveis. Elas não chegam ao consenso. As minhas almas, diferentes das do Pessoa, são impessoais demais. Elas não possuem nomes ou identidades rígidas. Isso me incomoda um tanto, são volúveis e manhosas. Jesus perguntou o nome de um ser entranhado num porco (podia ser outro animal), e ele respondeu: meu nome é Legião! Acho que foi essa a inspiração do Renato Russo.

Mas, voltando ao ponto, eu queria escrever sobre Leon Tolstói (1828-1910). Nunca vi tantos nomes e personagens russos desde

DA EDUCAÇÃO QUE AMA AO AMOR QUE EDUCA

que finalizara a leitura de *Guerra e Paz*, de Tolstói. Estou lendo novamente, pois ganhei uma edição linda, esplêndida, dos amigos José Henrique e Maria Júlia. Nascido de família nobre, sentou praça bem jovem e fez uma carreira militar original: foi primeiramente condecorado e acabou, depois da Guerra da Crimeia (a mesma região das lutas de hoje), abominando a guerra e todas as violências sociais. Transformou-se num pacifista, escreveu sobre a não-violência como atitude política. Influenciou Mahatma Gandhi, que o admirava, dando o nome a uma vivenda sua de Tolstói. Era narcisista e radical. Quando definia algo, assumia todas as consequências. Sua morte decorreu de enfrentar o frio russo como estilo natural de vida, contra as orientações de sua família.

Era vegetariano e aderiu a uma ideologia norte-americana difundida por um tal de Henry George, o primeiro Suplicy, que pregava uma espécie de renda básica para todo ser humano. Cristão, escreveu sobre Jesus e sobre o *Sermão da Montanha*, que considerava um dos maiores textos, no sentido de mais belos, já escritos. Eu concordo. Amava São Francisco de Assis, pintura e lua cheia. Tudo de bom esse Tolstói. Teve catorze filhos, ele e a esposa Sofya, evidentemente. Amava Paris, gostava de viajar, encontrou-se com Proudhon na cidade-luz. Eu acho o Proudhon uma pessoa fraca, um bocó da época, melhorado. Esnobou o Marx, esse narcisista Proudhon. Chamou o pensamento de Marx de "filosofia da miséria", instigando Marx a escrever (terminar) o livro clássico *Miséria da filosofia*. Acho que me perdi de vez. São as almas! Tolstói amava Victor Hugo, que acabou virando nome de bolsa, chique e caríssima. A obra clássica *Guerra e Paz* emparelha com outro texto brilhante de Victor Hugo, *Os Miseráveis*. Duas leituras idealistas das causas dos sofrimentos humanos. Vi a estátua dedicada a Tolstói em São Petersburgo. Fiquei encantado com tudo por lá. Tenho de voltar, uma das minhas almas ainda não tinha nascido. Tomara que a guerra acabe logo!

Recuperar o sentido de 8 de março: a dignidade da mulher

Tive dúvidas se deveria escrever algo sobre o dia 8 de março. Não que eu tenha dúvida sobre a causa da mulher. Minhas conjecturas são sobre o significado que o dia vem tomando no universo do capitalismo consumista e iconoclasta. A luta das mulheres por condições de igualdade de gênero e também de reconhecimento de sua plena identidade ontológica é histórica, vem desde os primórdios da humanidade. Basta ler, com as atualizações necessárias, o livro de Friedrich Engels, *A origem da família, da propriedade privada e do estado*.

Há controvérsias sobre a origem da celebração do 8 de março. Alguns referem o assassinato de cento e trinta mulheres queimadas num galpão, em Nova Iorque, em 1857, reivindicando dignidade e melhores condições de trabalho. Outros referem o incêndio em Nova Iorque de 1911, em 25 de março, no qual morreram cento e vinte e seis mulheres e vinte e um homens. Todos eram movimentos vinculados à luta dos trabalhadores e trabalhadoras. A primeira celebração do Dia Internacional da Mulher foi feita pela Segunda Conferência de Mulheres Socialistas, em Copenhague, Dinamarca. Alexandra Kollontai e Rosa Luxemburgo me acompanham. A greve das mulheres em 1917 foi o estopim da Revolução Russa. Trotsky afirma num texto clássico: "a luta das mulheres operárias incendiou a revolução proletária". Depois, as mulheres de classe média urbana, dos Estados Unidos e da Europa, nos anos 1950 e 1960, avançaram em bandeiras e lutas próprias daquela realidade. O certo é que a proclamação do Dia Internacional da Mulher é uma data de conscientização da violência histórica e específica que a política, a economia e a civilização, por assim dizer, perpetraram contra a mulher. É dia de debate, de reflexão, de luta, teórica e prática.

O que eu vejo hoje é a perversa transformação do Dia Internacional da Mulher, uma data de origem socialista, de luta pela igualdade de gênero, numa variação do Dia da Amélia, Dia da Secretária, Dia da Dona da Casa, Dia do Mito do Amor Materno etc. Acho que é preciso recuperar o sentido histórico. Todo mundo pode celebrar o que desejar. Mas transformar o dia da superação do modelo machista e patriarcal da mulher em dia específico de reforço simbólico deste estigma é demais para mim. Desejo a todas as mulheres, que lutam pela emancipação de si e de todo o gênero humano, um dia de revitalização das esperanças, reconscientização dos horizontes e reposição das causas! Avante!

Hoje é domingo, dia de esticar os horizontes da alma

Um domingo é sempre um presente. Tudo pode ser bom, bonito e agradável num domingo. Dia de lembrar coisas. Quando acontece de calhar um domingo nublado ou chuvoso, as lembranças se alvoroçam. Quando criança eu ouvia, sem entender nada, meu pai recitar "Hoje é domingo/pé de cachimbo/O cachimbo é de barro/ bate no jarro/O jarro é de ouro/bate no touro/O touro é valente/bate na gente/A gente é fraco/cai no buraco/O buraco é fundo/acabou- -se o mundo". Lembrei disso hoje. Mas, sonolento e confuso, quis aprofundar as lembranças e escrevi a lápis, devagar e compassado, as partes e encadeamentos das memórias desse recital popular, artefato exemplar da tradição oral. Impressionante a didática popular desses adágios, de tanto repetir ficavam plenos em nossa memória.

Então, passei a filosofar, de pijama ainda, com uma caneca de café bem quentinha ao lado, de apoio cenográfico e gustativo. Deus é grande, por ter feito o café, *trem bão demais, sô*. As memórias também necessitam de correções. Primeiro, pela beleza da sequência de fatos, no roteiro da narrativa, marcados pela rima. Pobre, diga-se de passagem. Vamos lá: 1. Hoje é domingo: enunciado do tema central, constatação celebrativa. 2. Pé de cachimbo: minhas lembranças estavam equivocadas, o certo é "pede cachimbo"; no sentido de exigir, como uma obrigação de deleite. O cachimbo era símbolo de *status* dos fazendeiros, não era comum entre pobres, que "pitavam" (amo esse verbo) cigarros de palha, unicamente. 3. O cachimbo é de ouro: uma metáfora do exagero, cachimbos de ouro são inadequados, esquentam os dedos, queimam os lábios, o ouro é excelente condutor de calor, megalomania pura. 4. Bate no touro: alusão a um dos mitos culturais clássicos, o touro, que entra de gaiato (gosto demais dessa palavra, entra como um gato, na surdina, sem ser convidado); mas não aprecio o verbo bater, sou contra qualquer forma de violência. 5. O touro é valente: outra expressão de força, o apelo à valentia, para reproduzir os ideais de emasculação. Por isso eu amo o touro Ferdinando, o touro contra-hegemônico. Touros e gentes podem ser valentes. E podem também não ser. Podem ser calmos, pacatos e carentes. Esta última palavra foi somente para fazer rima. Pobre, evidentemente. 6. Bate na gente: esse verbo outra vez, bater, que eu abomino! E ainda mais bater na gente, *tô fora, não sou masoquista*. Não gosto de bater e muito menos de apanhar. 7. A gente é fraco: essa expressão contém erros crassos de conteúdo e de forma. Quer incutir em nós uma

DA EDUCAÇÃO QUE AMA AO AMOR QUE EDUCA

autoidentidade de fraqueza, de submissão, de subalternidade. Não somos fracos. Nós somos a força soberana que move o mundo, a mais poderosa energia, depois do sol. 8. Cai no buraco: sim, a gente sempre cai no buraco, eles fazem parte da precariedade de nosso modo de existir. A gente cai, mas se levanta. A queda no buraco da história, o tombo que caímos como coletivo político, a gente corrige sempre. 9. O buraco é fundo: pode ser, há buracos de diferentes dimensões. Mas sempre há como sair do buraco, basta ter clareza e determinação. Essa parte ficou meio sem graça. Meio autoajuda. 10. Acabou-se o mundo: aí não, o mundo não acaba, ele continua. Nós acabamos; o mundo, não. Assim como esse texto acabou. E o cachimbo apagou, assim como o domingo. *Sunday*. Dia do sol. Mas segunda-feira, dia da lua, tem mais, tudo recomeçará, se estivermos vivos, unidos e bem-humorados!

Uma crônica para Rubem Alves, esticador de horizontes!

Fiz esse texto para celebrar os cinquenta anos da Faculdade de Educação da Unicamp. Ao buscar coletar as crônicas para registrar neste livro não poderia deixar de lado a homenagem que buscamos fazer a esse generoso educador.

Escrever sobre Rubem Alves (1933-2014), nosso querido, saudoso e amoroso Professor *Rubão*, nessa ocasião de lembrar um dos grandes educadores de nossa valente faculdade de educação, em razão da celebração de seus cinquenta anos de existência, é um dos maiores desafios para minha vida de educador, de professor e mesmo de aprendiz. Pois muitas coisas aprendi com Rubem Alves. Assim, me sinto sempre aprendiz diante da memória eloquente de Rubem Alves, que, junto a outros tantos próceres, construiu

DA EDUCAÇÃO QUE AMA AO AMOR QUE EDUCA

nossa identidade institucional e pedagógica nesse meio século de resistência e de criação. A reverência toma lugar destacado em minha mente, pela proximidade afetiva e pela honesta imagem que a memória mantém no quadro profundo que reveste minha alma.

Vou começar pelo mais simples. Ele foi um intelectual de referência de minha geração. Eu preciso explicar que escrevo entre muitas contradições, pois fui seu aluno, nos anos 1980 e 1990, cursando todas as disciplinas que ele dispunha, para encantar-me sempre com sua poesia, com sua inalienável erudição, com sua insuperável criatividade, ao lado de sua incomparável fineza e sagacidade. Como aluno admirei Rubem Alves e a sua sedutora pedagogia da amorosidade e da humanização.

Depois, no transcorrer dos anos 1990, chegando mesmo até a primeira década deste milênio, estivemos juntos em muitas e diversas trincheiras de lutas pela educação, pela formação de professores, em ciclos de debates, em frentes de trabalho e de reflexão conjuntas. Ao fim daquela década tive a honra de ser aprovado como professor no mesmo Departamento de Filosofia e História da Educação, no qual ele brilhava e protagonizava. Ali, nas reuniões de praxe, quase nem falava, ficava olhando, ouvindo, curtindo, quase que secretamente, essa honra e distinção de com ele conviver, junto a outros tantos educadores que marcaram essa faculdade de educação e nossas vidas. Rubem Alves, para mim, tem muitas faces e muitas riquezas, pois foi (e ainda é, para quem fica na memória da cultura e da civilização) um homem de muitas virtudes. Mas, para fazer este texto e para conseguir escrever esta página de homenagem, solicitada pela Comissão Organizadora da Celebração dos cinquenta anos da Faculdade de Educação da Unicamp, eu precisava saber dizer todas as coisas que sinto e penso de Rubem Alves, a partir de um fio da meada, de um nome comum, de um guarda-chuva epistemológico e educacional, no qual coubessem todos os outros adjetivos e todas as demais dimensões de seu ser exuberante e único. Levei alguns dias campeando por estéreis plagas de lembranças e por indutivos temas de inspiração, um tanto perdido, sem sorte, sem ânimo ou sucesso.

Procurei em seus livros, o que sempre revela o ser de todos nós que escrevemos, na esperança de encontrar ali alguma inspiração para um título cabal, que desse conta da identidade de Rubem Alves e que fosse o tema aglutinador de sua diversa e polifônica alma e identidade. Destarte, tentei algumas criações, com alguma coragem, como estas: *Rubem Alves, o educador dos (de) jequitibás*, depois mudei para *Rubem Alves, o homem que amava os ipês-amarelos*, e concluí, precariamente, que o melhor título seria *Rubem Alves, o jardineiro prudente*. Não fiquei convencido de nenhum desses ensaios, tentei outros, aqui e ali, lá e acolá. Mas qual o quê! Não me convenci de nenhum deles; voltei à carga, escrevi *que talvez pudesse ser Rubem Alves, o admirador de caquis*, e logo mais fiquei feliz com esses achados, *Rubem Alves, o filósofo das jabuticabas*, cheguei até a decidir que seria o seguinte título: *Rubem Alves, educador dos sonhos*. Ainda assim fiquei insatisfeito, delirava dentro de mim um vazio, um sinal de falta, uma lacuna, uma sensação de ausência, um mal-estar. Não sentia que começara bem. Tentei, dias depois, o título *Rubem Alves, o encantador de pássaros*, depois cheguei, já cansado, ao metafórico tema *Rubem*

DA EDUCAÇÃO QUE AMA AO AMOR QUE EDUCA

Alves, o anunciador de auroras. Pensei em radicalizar, *o destruidor de gaiolas, o arauto dos galos, o elogiador de águias*, em tudo eu ficava insatisfeito. Nenhum destes possíveis títulos me convencia. Nestes casos, de patente ausência de fio da meada, eu costumo recuar, parar. E eu guardo os textos anteriores, esperando que, em algum momento, as arbitrariedades da inspiração me capturem novamente. E, numa tarde fria de inverno, nesses difíceis dias de reaprender a conviver com as pessoas, após o longo e penoso confinamento da pandemia da Covid 19, sentado nos jardins da faculdade de educação, lendo um pequeno livro de Manoel de Barros, o poeta desordeiro e sapista, meus olhos cravaram-se numa brilhante expressão deste magistral poeta pantaneiro: *o esticador de horizontes*! Era esse, estava feito, encontrara o título da pequena homenagem a meu mestre Rubem Alves! Ele foi, definitivamente, um *esticador de horizontes*! Ficou assim, por essa razão, esse pequeno começo: *Rubem Alves, o esticador de horizontes*! E eu acho que esse texto ficaria bom somente pelo começo, já teria dado conta da grandeza de *Rubão*.

Rubem de Azevedo Alves nasceu em Boa Esperança, Minas Gerais, em 15 de setembro de 1933. Sua cidade natal foi sempre um tema recorrente de seus livros e de muitos de seus escritos, a experiência cultural e afetiva mineira sempre esteve presente em seu ser, em seu escrever e ensinar. Gosto de gente que não esquece – nem perde – suas raízes. Faleceu em Campinas, estado de São Paulo, no dia 19 de julho de 2014. Foi teólogo e pastor presbiteriano. Assim rezam os excertos biográficos de Rubem Alves. Mas eu queria acrescentar algumas coisinhas, poucas, mas significativas.

Foi autor de livros de filosofia, produziu obras referenciais de teologia, escreveu clássicos na área de educação e criou alguns dos mais belos livros de literatura infantil do Brasil. É reconhecido hoje como um dos mais destacados educadores e pedagogos do país. Sua obra e sua atuação intelectual o colocam hoje como um dos fundadores e inspiradores do que se tem como *Teologia da Libertação*, matriz de seu legado e de parte de sua identidade teológica universalista. Foi considerado subversivo pela sua atuação nos anos 1960 e teve que se exilar nos Estados Unidos. Foi professor do Instituto Presbiteriano de Lavras-MG, da Faculdade de Filosofia, Ciências e Letras de Rio Claro, estado de São Paulo, e fez carreira na Faculdade de Educação da Universidade Estadual de Campinas, estado de São Paulo, a Unicamp, onde aposentou-se e foi homenageado como Professor Emérito até seu passamento. Nos meados de 1980 obteve a titulação de Psicanalista e, anos mais tarde, foi eleito para a Academia Campinense de Letras, pelo conjunto de sua obra. Rubem Alves viveu muitos desafios de seu tempo e conjuntura. Escreveu em jornais, assumiu posições políticas, engajou-se na defesa da Constituição Federal de 1988, entre outras tantas coisas que fez.

Rubem Alves reunia a erudição criteriosa à alegria e vivacidade do cotidiano, como expressão pouco percebida da vida. Pode ser considerado como um humanista clássico. Era um homem profundamente marcante. Sua formação teológica e sua extensa formação cultural sempre estiveram regidas pelo gosto da poesia, pela exuberância da literatura, pela aversão a toda forma de dominação e de violência, pela celebração da vida e pelo amor à educação, às crianças, às flores e às árvores, aos versos e às músicas, às

DA EDUCAÇÃO QUE AMA AO AMOR QUE EDUCA

frutas e aos bosques, aos jardins e aos pássaros. Rubem Alves era um homem de amores, de devoções, de contemplações distintas. O que sua alma alcançava ver ele escrevia, nos livros, nas crônicas, nos jornais e nos seus apontamentos. Depois proclamava em suas palestras, em concorridas conferências, em suas memoráveis aulas, com a reconhecível intenção de encantar a todos para a beleza e instigar para o reconhecimento da originalidade da vida, para a graça da existência e para a tarefa inadiável de ser feliz!

Como já anunciei, estou dividido entre duas situações, fui seu aluno na Unicamp, depois tive a honra de ser seu colega na Faculdade de Educação, no Departamento de Filosofia da Educação. Convivi com Rubem Alves em muitos espaços, depois, em muitos congressos e eventos de educação pelo país, em viagens e pousadas comuns, em longas conversas e inesquecíveis encontros. Seu olhar era generoso e especulativo, olhava dentro de nós. Sua palavra era doce e solene ao mesmo tempo. De um fato simples e comum, do dia a dia, ele tirava uma ilação reflexiva, extraía uma inalienável poesia, delineava o sentido mais distante do que aquele sentido que todos víamos. Com Rubem Alves aprendi que ensinar não precisa ser um ato autoritário, uma atitude impositiva; ele dizia que ensinar tem que ser um gesto de alegria, de amor, de abertura, de convencimento, de comunhão, de sedução amorosa. Aprender seria como digerir algo com sabor, o saber tinha que ter sabor, um banquete da alma! Isto provocou uma revolução na minha formação rigidamente autoritária. Quando li seus livros clássicos *Filosofia da ciência* (1978) e *O enigma da religião* (1981), ainda estudante de teologia, eu não sabia que Rubem Alves iria ser um dos mais importantes interlocutores da educação no Brasil. A sua obra *Conversas com quem gosta de ensinar* (1982) mudava radicalmente a abordagem da educação no Brasil, até então rigorosamente estruturalista e tecnicista, abrindo espaço para a consideração da relação humana e da alegria de ensinar e de educar, pautas temáticas distantes da política de formação de educadores hegemônica naquele momento. Seu humanismo, político e educacional, influenciava profundamente minha geração.

As obras de literatura infantil escritas pelo Professor Rubem revitalizaram esta área com original beleza, com destacada fantasia e celebravam enredos de muita ternura ou vibrante alegria pela vida e pela condição das crianças. Livros como *Ostra feliz não faz pérolas* (2008) e *A volta do pássaro encantado* (2009), para ficar em alguns, ainda hoje encantam as crianças e inebriam os jovens, enternecem a todos os que não deixaram a criança interior morrer dentro de si. Enfim, um homem, um educador, que espalhou sua alma pelos seus livros, pelas suas estórias, pelas suas aulas, pelos seus encantamentos! Sua alma deve estar também na faculdade de educação, nos seus jardins e árvores, que ele admirava sempre. Aprendi com ele a ser coerente, quando me perguntou: *De que adianta cultivar jardins, admirar flores, se você não passeia por eles, não celebra as flores, não as contempla, não as cheira, não as admira?* Ainda ressoam em mim essas verdades ditas de maneira tão simples e bela.

Em suas aulas ousava escrever algumas máximas latinas e deixava sempre as pessoas livres para conversar, sempre interagindo com alegria e doce provocação. Eu saía perturbado da sala e, quando o

DA EDUCAÇÃO QUE AMA AO AMOR QUE EDUCA

encontrava pelos corredores, contava-lhe isto. Ele ria e dizia: *"pois é para isso que existem as aulas, as escolas, a educação; para desalojar, para inquietar, para incomodar, para fazer cada um pensar e sentir por si!"*, e concluía com uma convincente confissão: *"só assim vale a pena ser professor e ser educador!"*. Lembro que alguns destes axiomas ficaram para sempre vinculados ao Professor Rubem Alves: *Tempus fugit*, o tempo passa muito depressa, para acentuar a necessidade de viver com intensidade todos os momentos; *Carpe Diem*, aproveita plenamente o dia de hoje, vive sua vida na profundidade deste momento; *Ridendo dicet severum*, ou ainda a forma *Ridendo castigat mores*, que pode ser entendido como podemos ensinar com alegria e riso as coisas mais sérias, ou, ainda, *sorrindo podemos questionar os costumes*, e outras tantas lições de amor, de pedagogia e de cultura geral humanista!

Sempre admirei o professor Rubem Alves. Mas, quando ele redigiu um Parecer sobre Paulo Freire, outro gigante que passou pela nossa faculdade de educação, protagonizando uma das mais belas manifestações de companheirismo acadêmico da Unicamp e da faculdade de educação, essa admiração tornou-se quase uma devoção. As hordas tecnicistas e burocráticas da Universidade, na intenção de dificultar a renovação do contrato de Paulo Freire com a FE/Unicamp, em razão de sua estatura política e pedagógica, pedem um Parecer instrucional de um professor titular, decerto com o objetivo de desqualificar o atual patrono da educação brasileira, solicitando dados como titulação, assiduidade, produtividade, enfim, as sinecuras acadêmicas de sempre, e esse pedido caiu nas mãos de Rubem Alves. Seu Parecer é hoje uma página inolvidável, documental e crítica da história da faculdade de educação, da liberdade de cátedra e da defesa humana dos docentes. Ele intitula seu Parecer – *Parecer de quem se recusa a dar um parecer* – perguntando, *acaso a Universidade não conhece Paulo Freire, de modo que precisa de um Parecer para recomendar sua continuidade entre nós?* Um tapa com luva de pelica na tradição burocrática. Sempre quis, quando crescer, ser assim como Rubem Alves.

Enfim, Rubem Alves renovou, de certo modo, a identidade da pedagogia no Brasil, com suas obras e com sua presença! Inseriu no debate institucional a questão do amor, da alegria, dos afetos e das relações esteticamente elevadas, como substrato humanista da pedagogia, como *elán* ou *ethos* educacional e escolar, cultural ou não-formal. Falava de jequitibás, de ipês-amarelos, de jabuticabas e de caquis, para educar para a alegria, para a beleza de ver o mundo como jardim de possibilidades e de encontros! Defendia a educação e a escola do amor! Proclamava a escola e a educação da humanização, da beleza de viver! Por isso, neste ensaio, esta justa homenagem nesse celebrativo momento admirável de nossa faculdade de educação, os seus cinquenta anos, dedicado a Rubem Alves, para consagrar a tese de que a questão da humanização e da Cidadania, no Brasil, tem inspiração em sua obra, em sua vida, em sua coerência, como pessoa, como educador, como cidadão e como Educador. Como Esticador de Horizontes!

Para onde caminhamos?

Neste novo começo das atividades escolares, a quase totalidade das redes regulares de ensino do país volta à normalidade de funcionamento, depois das merecidas férias de fim/começo de ano. Crianças, professores e professoras, pais e mães, cadernos e livros, uma diversidade de pincéis, lápis e canetas, papéis multicores, réguas e *pendrives*, *notebooks* e *tablets* articulam-se entre as papelarias lotadas e um trânsito que recebe o fluxo de milhões de pessoas, de pais e de mestres, que se movem conjuntamente e movimentam as ruas e avenidas, as estradas rurais e os caminhos de todas as escolas de nosso país. A volta às aulas é o maior fenômeno social de impacto urbano e geracional de nosso país.

O que dizer de todo esse dinâmico movimento? Produz-se em nós um sentimento de orgulho e de alegria, sobretudo nascido naqueles que têm consciência de que a educação e a escola são as mais importantes instituições da sociedade, aliadas às famílias, em sua rica diversidade. A educação é um denso e rigoroso processo de humanização, de preparação para a vida em sociedade, de formação para a alegria de viver, para a beleza original de ser, de sentir, de conviver. Tenho defendido sempre que a primeira função social da escola consiste exatamente em humanizar plena a amplamente nossas crianças. Como guardiãs da civilização e como penhores da cultura as escolas deveriam receber as crianças com a mais efusiva intenção de propiciar-lhes um mergulho na condição humana em plenitude; propondo-lhes o aprender a falar bem, aprender a sentir, aprender a conviver, aprender a brincar, apropriar-se da condição motora, da potencialidade afetiva, das faculdades cognitivas e das disposições socializadoras.

Pesquisar e conhecer a natureza, aceitar e entender sua corporeidade viva e pulsante, ordenar a curiosidade para com todas as descobertas e potencialidades da natureza, eis aí uma das mais encantadoras das tarefas postas para a escola e para a prática social da educação. Duas grandes conquistas deste milênio foram fundamentais, ampliação da obrigatoriedade da escola básica, de quatro a dezessete anos, e a definição dos nove anos do Ensino Fundamental, entre outras significativas e promissoras disposições. Temos aperfeiçoamentos a fazer. Vimos aumentar em um ano a escolarização da educação fundamental sem aprofundamento da finalidade e da identidade da educação fundamental, de modo a contemplar a infância em sua dinamicidade omnilateral, abrindo horizontes para novas formas de cuidado e de educação das crianças, sem renunciar à qualidade dessa modalidade de ensino.

DA EDUCAÇÃO QUE AMA AO AMOR QUE EDUCA

Vimos ser aprovada a criação do novo Fundeb, lançando algum alento ao financiamento da educação. Eu diria que a reforma estrutural da educação e da escola é mais importante para o país do que a improvisada reforma tributária ou política. Mas não quero ser pessimista, nem negativista. Nestes tempos de reconstrução, teremos que desencadear outra campanha nacional em defesa da escola pública, lutar pela educação integral, humanizadora e emancipatória, lutaremos pela gestão democrática da escola, pela participação institucional da comunidade social na escola, pela formação permanente de nossos docentes e especialistas, pela produção de uma cultura da solidariedade, da inclusão, da sustentabilidade e da paz na educação brasileira.

A esperança se renova em nossos corações e mentes, e milhões de mãos começam a movimentar-se na direção comum da educação e da formação escolar de nossas crianças e jovens, a maior riqueza de uma sociedade e de uma nação. Vamos acompanhar essa caravana que passa, essa marcha da humanização e da cidadania, com muita garra e compromisso social. O sentimento que nos acomete é de perplexidade e de constatação da patente contradição, nesse fevereiro de volta às aulas. De um lado, parece ser necessária a consciência de que, com o esvaziamento da atual LDBEN, com o abandono do PNE, com a descaracterização democrática da BNCC perdemos uma oportunidade exemplar de constituir uma profunda renovação e uma efetiva transformação da educação brasileira. Vimos frustrada a tentativa de implementação sistêmica de uma educação humanista, crítica, clássica, democrática e produtiva.

E, de outro lado, assistimos à responsabilidade de corresponder aos anseios e necessidades cívicas e civilizatórias de tantas populações, marginalizadas historicamente, que acedem correndo aos bancos escolares esperando uma formação cultural, ética e produtiva efetivamente emancipatórias. Nesse ano esfinge que vivemos, com tantas decisões coletivas essenciais para o futuro de nosso país, sobretudo no campo do direito à educação, ouvimos o estridente enigma: decifra-me ou te devoro!

Assinatura

Cada homem que nasce
É um pouco da história do mundo:
Sorve-se o ar para viver;
Abrem-se os livros
Registram-se os fatos e

Nada muda.
Um vive, outro morre.
Nem há risos ou se chora mais.
Esperança... é isso que falta.
Saber esperar é alegria e necessidade.